Spaces

Wohntrends für Teens

KETTLER SPORT

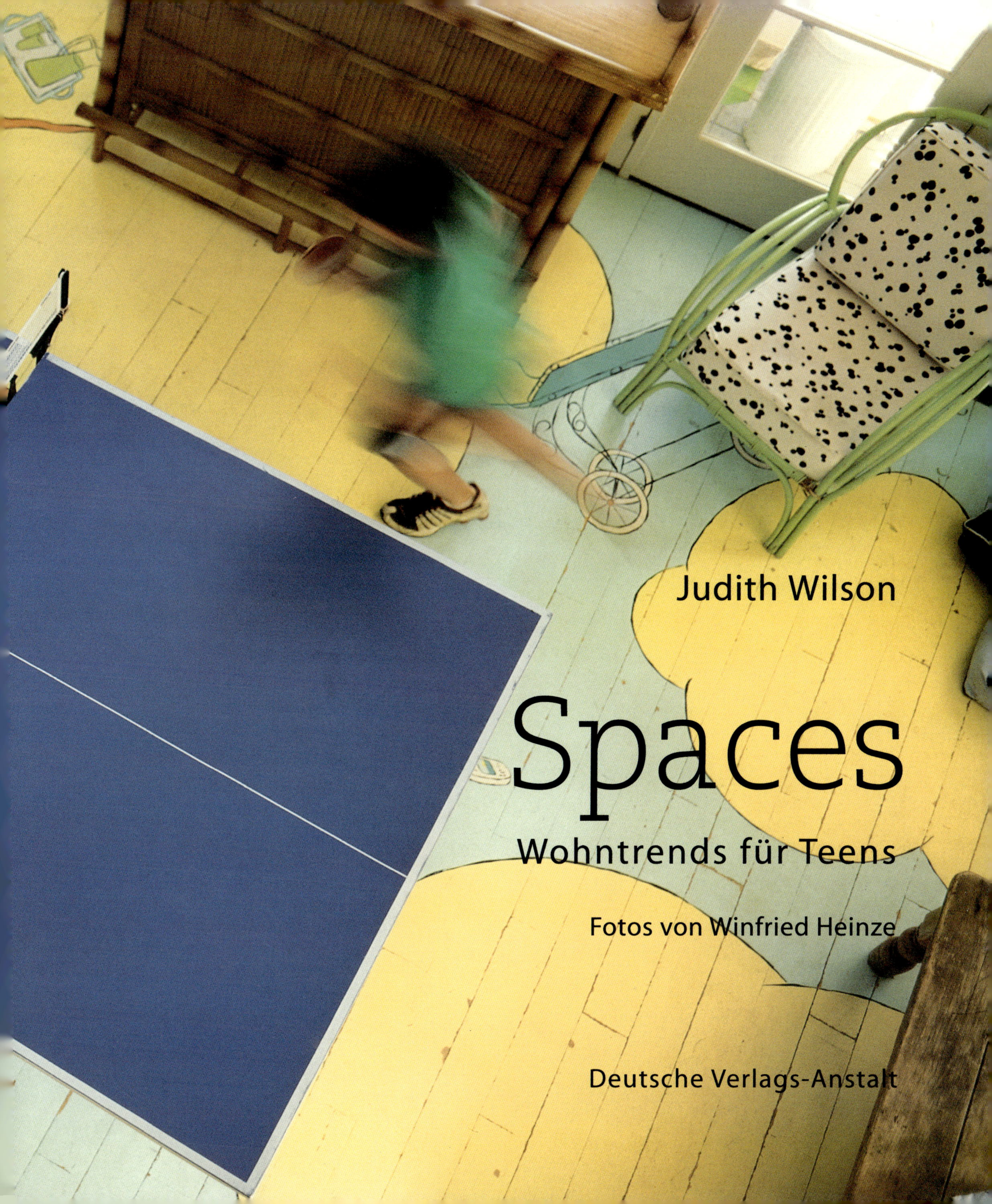

Judith Wilson

Spaces

Wohntrends für Teens

Fotos von Winfried Heinze

Deutsche Verlags-Anstalt

Aus dem Englischen übersetzt
von Wiebke Krabbe

1. Auflage

Titel der englischen Originalausgabe
Teen Zone. Stylish Living For Teens

20–21 Jockey's Fields, London WC1R 4BW
www.rylandpeters.com

Design: Megan Smith
Lektorat: Annabel Morgan
Recherchen: Jess Walton
Produktion: Gordana Simakovic
Art director: Anne-Marie Bulat
Publishing director: Alison Starling

Satz der deutschen Ausgabe:
Edith Mocker, Eichenau
Produktion der deutschen Ausgabe:
Monika Pitterle / DVA
Printed and bound in China
ISBN: 978-3-421-03687-2

www.dva.de

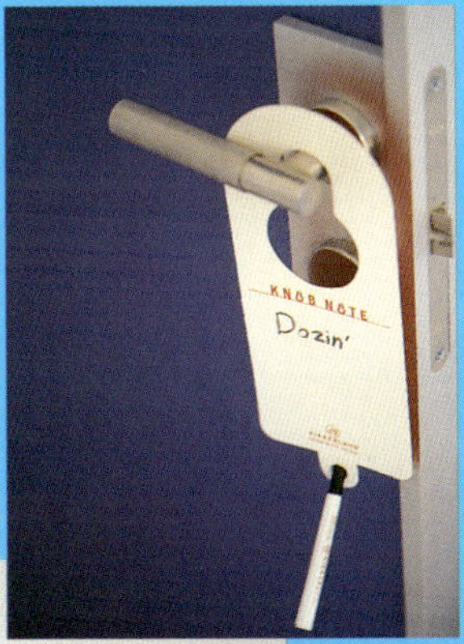

Inhalt

Wenn Kinder älter werden und sich – fast über Nacht – in junge Erwachsene verwandeln, steht das Familienleben Kopf. In Bereichen, die nach dem Zubettgehen der Kleinen exklusiv den Eltern zur Verfügung standen, breiten sich nun halbwüchsige Kinder (und ihre Freunde) aus. Das kann manchmal nett sein, aber viele Eltern begrüßen diese Veränderung nicht uneingeschränkt, denn wo sollen sie nun Ruhe finden? Es liegt nahe, sich zurückzuziehen – aber möchten Sie wirklich die Abende vor dem Fernseher im Schlafzimmer verbringen? Gerade in einer Phase, in der die Kommunikation zwischen Eltern und Kindern manchmal schwierig ist, kommt es darauf an, sowohl einladende Gemeinschaftsbereiche als auch dringend benötigte Rückzugsorte zu schaffen.

Man könnte über eine Neuverteilung der Räume, den Ausbau eines Keller- oder Dachgeschosses oder einen Umzug nachdenken. In jedem Fall sollte man jedoch rechzeitig planen und auch berücksichtigen, dass Kinder in diesem Alter ihren eigenen Stil entwickeln. Natürlich ist es Ihre Wohnung – aber auch das Zuhause Ihrer Kinder. Für experimentellere Ideen ist vielleicht das Teenagerzimmer das bessere Forum, aber die Erwachsenen sollten auch für Umgestaltungen in den Familienbereichen offen sein. Stellen Sie sich darauf ein, dass Ihre Kinder Ihren Wohnstil mehr als kritisch begutachten werden. Zum Glück gibt es aber gangbare Kompromisse – und die zu finden ist eine Gemeinschaftsaufgabe.

»Eltern von Teenagern sehen manche Dinge gelassener, über die sie sich in früheren Jahren aufregen konnten – zum Beispiel einen Haufen Handtücher auf dem Badezimmerboden.«

SERA/MUTTER

Das Anliegen dieses Buches ist, Eltern und Kinder gleichermaßen anzusprechen. Alle Fotos wurden in realen Wohnungen aufgenommen, und wir haben die Bewohner – Eltern und Teens – nach ihrer Meinung gefragt. Ihre Äußerungen finden sich auf vielen Seiten. Der Haupttext richtet sich vorwiegend an Eltern, die immerhin das Budget bereitstellen. Daneben enthält das Buch spezielle Abschnitte für Jugendliche. Mit »Warum nicht mal …« sind die Kästen überschrieben, die Teenagern kreative, schnell umsetzbare Ideen liefern, während es unter der Überschrift »Reizthema« um klassische Familien-Konfliktpunkte geht.

Schaffen Sie gemeinsam die Voraussetzungen, um diese neue Lebens- und Wohnphase zu genießen. Die meisten Eltern haben Freude an der Veränderung der Raumnutzung, dem Strom junger Besucher und den Impulsen und Ideen, die Teens mitbringen. In einer teenagerfreundlichen Wohnung geht es mehr ums Zulassen als ums Verbieten. Das gelingt am besten durch ein ausgewogenes Verhältnis aus trendigem und klassischem Design, aus geselligen und privaten Bereichen.

Rooms for Girls

Teenager suchen Individualität. Für eine Tochter ist das eigene Zimmer in der Wohnung ein ausgezeichneter Ort, um mit Ideen zu experimentieren und einen eigenen Stil zu finden. Fragen Sie Mädchen im Teenageralter, und Sie werden bestätigt bekommen, dass sie ihrem Zimmer vor allem ihren persönlichen Daumenabdruck aufprägen wollen. Dabei spielt die Farbe der Wände oder die Größe des Betts eine eher untergeordnete Rolle. Wichtiger ist, dass Ihre Tochter in ihrem Zimmer möglichst viel Entscheidungsfreiheit hat. Wie groß diese Freiheit ist, bestimmen letztlich die Eltern. Gönnen Sie Ihrer Tochter reichlich Freiraum – und sie wird sich ein Reich gestalten, auf das sie stolz ist und in dem sie sich gerne aufhält.

Teenager brauchen einen Rückzugsort. Sie sind oft gegen Alltagsstress nicht immun, und ihr Leben ist durch Hausaufgaben, Beziehungsprobleme und die Schwierigkeiten des Erwachsenwerdens vielleicht komplizierter als unseres. Ein Teenagerzimmer ist fast immer mehr als ein Schlaf-

»Ich dekoriere gern um. Im Sommer hänge ich Saris auf, im Winter Musselin. Es macht Spaß, die Stimmung passend zu den Jahreszeiten zu verändern.«

ANOUSHKA/16 JAHRE

»Ich verbringe hier viel Zeit mit meinen Freunden – sie mögen die Couch so gern. Und mir gefällt mein Schreibtisch, weil der einfach groß und cool ist.«

OLIVE/15 JAHRE

raum. Hier erledigt man Schularbeiten und trifft sich mit Freunden. Mit etwas Überlegung kann aber auch solch ein Mehrzweckraum Ruhe und Erholung schenken – vielleicht mit einer gemütlichen Sitzecke, einem Leuchter für Duftkerzen und einer schönen Aussicht. Vermitteln Sie Ihrer Tochter, dass das eigene Zimmer nicht etwa ein Schmollwinkel ist, sondern ein wichtiger Rückzugs- und Entspannungsbereich.

Lassen Sie Ihre Tochter die Planung und Materialbeschaffung für ihr Zimmer selbst übernehmen. Betrachten Sie die Gestaltung als Projekt, das mit Recherchen und Vorüberlegungen beginnt. Sie wird Spaß an ihrem Mitspracherecht haben, vor allem, wenn sie auch in Budgetplanungen einbezogen wird. Es genügt, wenn die Eltern die Kosten-Obergrenze festsetzen. Wünscht sich Ihre Tochter ein teures Himmelbett, muss sie eben eine preiswerte Lösung für die Wände finden. Zeigen Sie ihr, wie man anhand einer Grundrisszeichnung die Möblierung plant – clevere Raumnutzung kann man nicht früh genug lernen.

Üben Sie das Aussortieren! Wenn Mädchen älter werden, verändert sich ihr Geschmack und sie können immer klarer benennen, welche Kleider, Schmuckstücke, Bücher oder Bilder sie mögen. Beim Aussortieren schafft man Übersicht – und entdeckt manchmal neue Kombinationsmöglichkeiten.

Mädchen lieben ihre Zimmer. Gerade weil sie im Alltag in der Schule, beim Sport und in den Gemeinschaftsbereichen der Familie von anderen Menschen umgeben sind, schätzen sie einen Rückzugsbereich. Helfen Sie Ihrer Tochter, daraus etwas ganz Besonderes zu machen. Regen Sie eine Generalrenovierung an und räumen Sie gemeinsam einige (nicht alle) Kindersachen weg. Ein guter Zeitpunkt dafür ist der Übergang zur weiterführenden Schule. Der Schulwechsel, neue Freunde und die Veränderung des Selbstbildes wirken sich auch auf die Nutzung des Zimmers aus. Hier wird sie lernen, mit Freundinnen plaudern, sich schminken, stylen und entspannen – also darf der Raum gern etwas »erwachsener« aussehen.

Ehe Sie eine Renovierung planen, klären Sie, ob sich Ihre Tochter in dem Raum wohl fühlt. Ist er groß genug für einen Schreibtisch und eine kleine Sitzecke? Bietet er genug Privatsphäre? Wenn nicht, so könnte sie vielleicht in einen anderen Raum umziehen, weiter entfernt von Eltern und

Gegenüber links Party-Outfits und witzige Klamotten vom Flohmarkt müssen nicht versteckt werden, sondern können durchaus auch als Wand- oder Türschmuck dienen – am besten an einem hübschen Haken und einem Bügel mit Satin- oder Plüschbezug.
Ganz links Jedes Mädchen braucht Regale, um Lieblingsschätze zu präsentieren. Puppen, Ballettschuhe, Schmuck und niedliche Handtaschen können dabei ein hübsches Stillleben bilden.
Links Bilder wirken einfach edler als Poster, und sie müssen gar nicht teuer sein. Ein selbst gemaltes Aquarell sieht gut aus, alternativ könnte man auch ein Digitalfoto auf Leinwand drucken lassen.

Geschwistern? Wäre ein Dachbodenausbau eine sinnvolle Lösung? Dabei kommt es gar nicht so sehr auf die Quadratmeter an. Viele Mädchen schätzen die Gemütlichkeit eines kleinen Raums oder die romantische Atmosphäre unter der Dachschräge. Wichtiger ist, den Raum in drei klare Zonen zum Schlafen, Lernen und Zusammensitzen mit Freunden zu gliedern.

Außerdem sollte das Zimmer der Tochter wirklich allein gehören. Es mag verlockend sein, selten benutzte Saisonkleidung im Kinderzimmer zu lagern, aber das wird das Selbstbestimmungsrecht des Kindes über sein Zimmer einengen. Verteilen Sie solche Habseligkeiten lieber über die Wohnung und bringen Sie Wichtiges im Elternschlafzimmer unter. Sie könnten auch gemeinsam entrümpeln und Ihre »Altlasten« zusammen mit überholtem Spielzeug und zu klein gewordenen Kleidungsstücken einer gemeinnützigen Organisation spenden. Danach kann die Tochter nicht mehr behaupten, dass Ihre Sachen der Grund für Unordnung sind.

Vor der Gestaltung gilt es praktische Aspekte zu bedenken. Sind genug Steckdosen für Computer, Handy-Ladegerät, Nachtschrank- und Schreibtischleuchte oder auch für Föhn, Fernseher, Musikanlage und E-Gitarre im Zimmer vorhanden? Ein Gewirr aus Verlängerungskabeln sieht unordentlich aus und ist riskant. Planen Sie darum frühzeitig die Einrichtung, damit Steckdosen an den richtigen Plätzen installiert

Oben links Teenager wissen ein eigenes Bad oder Duschbad zu schätzen, und sei es noch so winzig. Die Milchglastür lässt Licht, aber keine Blicke durch.
Links Der deckenhohe Einbauschrank sieht elegant aus und versteckt eine Menge Krimskrams.
In den oberen Fächern werden selten benutzte Dinge untergebracht.
Die Schiebetüren nehmen wenig Platz ein. Holzfurnier kann langweilig wirken, günstiger sind Spiegel oder farbiges Laminat.
Gegenüber Eine eingebaute Schreibplatte mit praktischen Regalen.
Wenn die Hausaufgaben erledigt sind, können Computer und Schulbücher hinter der Schiebetür verschwinden.

WARUM NICHT MAL ...

>> Jede Menge Plüsch. Im Kaufhaus findet man für wenig Geld Kissenhüllen und Decken aus Fleece und Kunstpelz. Sie sehen originell aus und sind ausgesprochen kuschelig und gemütlich.

>> Ein langweiliges, rechteckiges Bett-Kopfteil lässt sich mit ein paar Metern Kunstpelz schnell aufpeppen. Einfach den Stoff straff um die Kanten zur Rückseite ziehen und mit dem Tacker befestigen.

Links Mädchenhafte Rüschen wirken mit einem kleinen Augenzwinkern am besten – wie dieser originelle Lampenschirm aus gefälteltem Satin beweist. Eine Stehleuchte bietet sich für stimmungsvolle Beleuchtung an, die sich weder durch eine Deckenleuchte noch durch eine Nachttischleuchte schaffen lässt.
Gegenüber Altmodische Bettwäsche und preiswerte Stoffe – und fertig ist ein exotisches, feminines Schlafzimmer.
Unten Eine langweilige Schranktür bietet sich als Untergrund für eine Collage an.

werden. Wandleuchten am Bett schaffen auf dem Nachttisch Platz für andere Notwendigkeiten.

Ob Ihre Tochter in ein neues Zimmer zieht oder das alte umgestaltet – bei der Planung der Aufteilung wird sie Hilfe brauchen. Zeichnen Sie einen Grundriss und legen Sie Schlaf-, Lern- und Sitzbereich fest. Stellen Sie grundsätzliche Überlegungen an. Ist eine schöne Aussicht am Schreibtisch sinnvoll oder stört sie eher die Konzentration? In sehr kleinen Räumen sind eingebaute Multifunktionsmöbel wie ein Hochbett mit darunter integriertem Schreibtisch praktisch. Wie steht es um vorhandene Möbel? Abgenutzte Stücke können frisch gestrichen werden, zu kleine verkaufen Sie am besten und investieren den Erlös neu. Viele Mädchen haben Spaß daran, eine alte Kommode mit Sprühlack aufzupeppen oder einen Tisch mit ausgeschnittenen Wörtern oder Sprüchen zu verzieren.

Anschließend darf es um die Raumatmosphäre gehen. Schlagen Sie Ihrer Tochter vor, ihre Ideen zu skizzieren oder Zeitschriftenbilder zusammenzutragen. Auch Musikvideos oder Modemagazine können die zündende Idee liefern. Denken Sie aber daran, dass es um den Geschmack Ihrer Tochter geht – nicht um Ihren. Allzu schrille Ideen dürfen Sie

»Mir gefällt die verspiegelte Tür. Wenn ich sie schließe, ist das Zimmer mein ganz privates Versteck«. POLLY/17 JAHRE

Oben, von links nach rechts Selbst in einem winzigen Zimmer lässt sich ein Hochbett einbauen – hier sogar mit einem integrierten Schminkplatz.
Links Offene Regale für Schuhe sowie für Körbe und Kästen mit allerlei Habseligkeiten sind nur für ordentliche Mädchen zu empfehlen.
Gegenüber Der große Spiegel sorgt für ein Überraschungsmoment: Er verbirgt die Tür, wenn sie geschlossen ist.

aber behutsam dämpfen. Für eine Gothic-Atmosphäre genügt vielleicht eine Wand in Schwarz und eine in Silber. Ein »Boudoir« kann in Rot und Orange originell und warm wirken, in bonbonpinkfarbenem Satin dagegen billig.

Zeigen Sie auch Dekorationsalternativen auf. Stöbern Sie gemeinsam in Kleiderstoffen (von Kunstpelz bis Musselin mit Pailletten), auf Flohmärkten, in asiatischen Läden (nach Sari-Seide) oder bei Trödlern (nach originellen Kleinmöbeln oder Leuchten). Moderne Digitaltechnik macht es auch möglich, Fotos im Riesenformat auf Tapeten, Rollos oder Tagesdecken zu drucken.

Setzen Sie das Budget ruhig bewusst niedrig an. Das Experimentieren wird Ihrer Tochter leichter fallen, wenn sie die Wände kurzerhand neu streichen, improvisierte Möbelbezüge nähen oder billige Möbel austauschen kann. Ein Zimmer, das die Persönlichkeit Ihrer Tochter widerspiegelt, muss sich allmählich entwickeln können. Erlauben Sie ihr, die Anstrichfarben selbst zu wählen. Wenn es unbedingt Aubergine oder dunkles Blau sein muss – bitte sehr! Sie müssen ja nicht darin schlafen. Und hat Ihre Tochter eine künstlerische Ader, geben Sie ihr und ihren Freundinnen reichlich Pinsel und lassen Sie die Mädchen experimentieren.

Roger McGough
The Great
FATHER

Diese Seite Nicht alle Mädchen stehen auf Hippie-Chic. Hier verbreiten gemusterter Damast, Steppstoff und farblich abgestimmte Kissen und Vorhänge eine elegante Stimmung. Statt typischem »Mädchenrosa« bieten sich auch Hellblau, Flieder und Silber für ein glamourös-feminines Ambiente an. Unordnung wäre hier indiskutabel, darum sind die preiswerten Wandregale mit üppigen Vorhängen verhängt.

Gegenüber unten Accessoires sind Raumschmuck. Hier wurden kleine Quasten als Schubladengriffe montiert. Alternativ könnte man Griffe aus glitzerndem Buntglas verwenden.

Der größte Kostenfaktor sind die Möbel. Beginnen Sie mit dem Bett, denn Teenager schlafen gern und viel. Aus dem Kinderbett ist Ihre Tochter definitiv herausgewachsen. Ist das Zimmer zu klein für ein separates Sofa, empfiehlt sich ein einfaches Polsterbett ohne Kopfteil, das tagsüber als Sitzmöbel dient. Mit Überwürfen aus Samt oder Satin kann es sehr schön aussehen. Eine Alternative wäre, es beim Polsterer mit preiswertem Baumwollköper beziehen zu lassen, den Ihre Tochter besticken oder mit Textilstiften bemalen kann. Für die Kanten bieten sich Borten oder Perlen an.

In einem großen Zimmer kann ein ungewöhnliches Bett auch als Blickfang dienen. Gothic-Fans oder Jungpunks werden sicherlich ein gebrauchtes Gusseisen-Bett lieben, vor allem, wenn es schwarz gestrichen und leicht angestoßen ist. Romantischeren Mädchen gefällt vielleicht ein Himmel-

WARUM NICHT MAL …

>> Glitzer-Deko.
Eine Lichterkette mit witzigen Blüten-Schirmchen oder weißen Mini-Leuchten ist ein hübscher Schmuck für das Kopfteil des Betts oder den Schminkspiegel.

>> Kronleuchter-Kristalle oder antike Glastropfen bekommt man beim Trödler. Hängt man sie an eine Angelschnur oder an einem hübschen Band ins Fenster, bricht sich das Licht darin und wirft kleine Regenbogen an die Wände.

REIZTHEMA/ORDNUNG

In Sachen Ordnung sind meist Kompromisse nötig, zumal Eltern und Kinder von Ordnung oft unterschiedliche Vorstellungen haben. Allerdings findet man Papiere, Kleidung und Lieblingsstücke leichter, wenn alles seinen Platz hat. Reichlich praktischer Stauraum heißt das Zauberwort, um selbst ein kleines Zimmer aufgeräumt zu halten. Eine gute Sache sind Schubladen unter dem Bett – vor allem für private Dinge, die nicht jeder gleich sehen soll. Schmale Wandregale schaffen Platz für Bücher, CDs, Ordner und dekorative Kleinigkeiten, während Papiere, Computerausdrucke und Kataloge in einem Aktenschrank vom Second-Hand-Möbelhändler gut verstaut sind. Für Schuhe könnte man einen großen Wäschekorb aus Weide oder Kunststoff neben die Tür stellen. Und wenn einmal wöchentlich (oder monatlich) richtig aufgeräumt wird, sind alle zufrieden.

Album

könnte man das Hochbett direkt über der Tür einbauen und so mehr Platz für Arbeits- und Sitzbereich gewinnen. Wer das Bett vom Tischler bauen lässt, kann auch den Zugang beeinflussen. Neben der konventionellen Leiter wären Stahlsprossen an der Wand denkbar, aber auch eine »Treppe« aus MDF-Stauraum-Würfeln oder eine Metallstange, wie man sie aus Feuerwachen kennt. Ist die Deckenhöhe gering, lässt sich durch ein höheres Kojenbett mit mehren Schubladen unter der Liegefläche viel Platz gewinnen.

Jedes Mädchen braucht einen ruhigen, gut organisierten Platz zum Lernen. Manche Mädchen können sich im Schlafraum schwer konzentrieren, anderen fällt die Entspannung schwer, wenn sie halb fertige Hausaufgaben vor Augen haben. Schaffen Sie darum eine klare Trennung zwischen Bett und Schreibtisch. Eine Lösung wäre ein extratiefer Einbauschrank mit integriertem Schreibtisch und Regalen, die bei Bedarf hinter Türen verschwinden können. In einem größeren, modernen Zimmer könnte eine MDF-Schiebetür als bewegliche Trennwand dienen. Hübsch ist auch ein Spanndraht mit einem Vorhang. Selbst ein dreibett aus Metall oder Holz, das mit verschiedenen Stoffen – von kirschrotem Taft bis weißem Musselin – immer neu dekoriert werden kann. Originell ist auch ein an der Wand befestigter Baldachin, behängt mit buntem Tüll oder Perlenschnüren. Manchen Eltern macht der Wunsch ihrer Tochter nach einem Doppelbett Sorge, doch die Vorteile sind nicht von der Hand zu weisen. Man kann darauf auch tagsüber wunderbar mit Freundinnen herumsitzen oder es sich allein gemütlich machen. Und ist die Tochter aus dem Haus, kann es zum Gästebett werden. Mit wem Ihre Tochter das Bett teilt, geht nur sie – und Sie – etwas an. Sinnvoll ist in jedem Fall die Anschaffung einer neuen, hochwertigen Matratze.

Für ein kleineres Zimmer empfehlen sich Platz sparende Möbel, etwa ein Hochbett, unter dem man einen Schreibtisch oder einen Sitzbereich unterbringen könnte. Allerdings muss die Höhe ausreichen, dass man sich darunter ungehindert bewegen kann. Wenn die Deckenhöhe es zulässt,

Oben links An einem kleinen Tisch mit Stühlen kann man bequem mit Freundinnen zusammensitzen – oder Hausaufgaben machen.
Rechts Frühere Lieblings-Spielsachen können auch neben »erwachseneren« Accessoires gut aussehen.
Gegenüber Wer es lässiger mag, ist mit einer originellen Mischung aus Flohmarktmöbeln, Postern und gedämpften Farben gut beraten. Reichlich Decken und Kissen sorgen dafür, dass auch ein Metallbett im Industriestil gemütlich wird.

teiliger Paravent kann originell und witzig aussehen, wenn er mit einer Collage, zum Beispiel aus Zeitschriftenfotos, verziert ist.

Der ideale Schreibtisch ist lang und tief genug für Computer, Bücher und allerlei Papierkram. Die preiswerteste Lösung ist eine dicke MDF-Platte, die an einer Wand befestigt wird. Darunter finden Rollcontainer und ein Bürostuhl Platz. Ein Teil der Platte könnte auch als Schminktisch dienen. Überlassen Sie die Gestaltung der Platte Ihrer Tochter. Vielleicht möchte sie sie knallig streichen, vielleicht auch mit einer Collage aus Busfahrkarten bekleben. Eine Platte auf Böcken kostet kaum mehr. Besonders edel sieht eine

WARUM NICHT MAL ...

>> Kissenbezüge sind schnell aus interessanten Stoffresten genäht – Kleiderstoffe, Leder und Spitze sind gut geeignet. Man könnte auch beim Trödler nach Schals und Tüchern stöbern.

>> Individualität kommt an! Ein einfarbig bezogener Sessel sieht gleich viel peppiger aus, wenn man Knöpfe, Borten, Spitzen oder Modeschmuck vom Flohmarkt darauf näht.

Links Ambiente lässt sich auf verschiedene Weise schaffen – zum Beispiel mit preiswerten Kerzen und Räucherstäbchen.
Unten links Der Fachhandel bietet eine große Auswahl von Tapeten mit grafischen Druckmustern an, die auch in Jungmädchenzimmern gut aussehen.
Gegenüber Reservieren Sie ein größeres Stück Wandfläche für eine wachsende Collage aus Fotos, Zeitschriftenausschnitten und anderen Kleinigkeiten. Wenn die Wände tapeziert sind, empfiehlt sich eine Magnet-Pinnwand für diesen Zweck. Sind sie gestrichen, kann man auch ablösbare Klebepunkte benutzen. Und achtet man auf eine gute Mischung von Farben und Mustern, kann die Collage wie ein eigenständiges Kunstwerk wirken.

VANS
PEACE POWER
VANS
Reese's
LOVE

Links und unten Ein Stück Wand mit Kritzeleien, Gedichtfetzen und »Autogrammen« von Freunden kann toll aussehen. Am besten nimmt man Permanentmarker in verschiedenen Farben. Wichtig ist aber, ordentlich zu schreiben.

Gegenüber oben links
Mit Stoffbahnen oder Saris in verschiedenen Farben lassen sich Wände für wenig Geld aufpeppen – und jederzeit schnell wieder verändern.

Gegenüber oben rechts
Ein alter Metallschreibtisch sieht originell aus und bietet jede Menge praktischen Stauraum.

Gegenüber unten rechts
Ein weicher Läufer auf den Bodendielen lädt zum Herumlümmeln ein.

Glasplatte aus, preiswerter ist eine Sperrholzplatte mit einer Wachstuch-Bespannung. Künstlerleinwand bietet sich für spontane Kritzeleien an. Sparen Sie nicht am Stuhl. Er sollte in der Höhe verstellbar sein und die Lendenwirbelsäule gut stützen. Spendieren Sie Ihrer Tochter einen gebrauchten Bürostuhl und geben Sie ihr Nadel, Faden und die Stoffrestekiste – ihr wird bestimmt eine Dekoration einfallen!

Alle Kinder müssen Ordner und Bücher unterbringen. Helfen Sie Ihrer Tochter, ein Ordnungssystem zu entwickeln. Die einfachste Lösung ist ein langes Regal oberhalb des Schreibtischs. Auch ein frei stehendes Metallregal im Industriestil sieht originell aus. Hätte Ihre Tochter es gern verspielt, soll sie eine Schablone für Zierleisten an einfachen Wandregalen zeichnen. Vorhandene Regale kann man mit Spitzen, Borten oder gestrichenen Bilderleisten aufpeppen.

REIZTHEMA/LÄRM

In einem lebhaften Haushalt ist Lärm immer ein Thema. Mal hält man dir vor, dass deine Musik zu laut ist. Ein andermal stört jemand dich beim Lernen. Guten Schallschutz bieten Einbauschränke zwischen den Räumen – im Idealfall auf beiden Seiten der Wand. Denkbar ist auch, eine ganze Wand mit Korkfliesen zu bekleben. Sie sind preiswert und lassen sich prima als riesige Pinnwand nutzen. Noch wichtiger ist, in der Familie feste Regeln zu vereinbaren. Wenn du lernen musst, könntest du ein weißes Schild mit der Aufschrift »Bitte Ruhe« beziehungsweise »Bitte nicht stören« an die Tür hängen. Und wenn Freunde zu Besuch kommen, solltest du dich an eine »Sperrstunde« halten, nach der Musik und Stimmen auf ein familienfreundliches Maß heruntergeschraubt werden.

Oben links Auch in einem winzigen Zimmer lässt sich eine Sitzecke schaffen, in der man mit Freunden zusammensitzen oder nach den Hausaufgaben entspannen kann. Diese Liege mit den vielen Kissen ist genauso gemütlich wie ein Sofa. Ein kleiner Tisch für Kerzen und Getränke ist praktisch und muss nicht viel kosten. Eine quadratische MDF-Platte genügt hierfür. Sie kann farbig gestrichen oder mit einem Mosaik aus Strandkieseln und Muscheln beklebt werden.

Oben rechts und unten rechts Eine gestrichene Wand sieht mit einer Malerei im Graffiti-Stil gleich viel individueller aus. Am besten wirkt das Kunstwerk auf einer begrenzten Fläche, etwa einer Tür oder der Seite eines Regals.

Gegenüber Für eine gemütliche, stimmungsvolle Atmosphäre sollten alle Flächen in kräftigen, warmen Farben gestrichen werden. Schlichtes Weiß gibt es in den anderen Räumen der Wohnung genug.

An der Wand montierte Zeitschriftenhalter bringen Ordnung in allerlei Papiere.

Auch die Kleidung muss gut verstaut sein. Hat jedes Ding seinen Platz, gibt es keine Ausrede, Schuhe und Shirts auf dem Boden zu verstreuen. Neben Aufhängemöglichkeiten für lange Kleidungsstücke sollten auch Schubladen oder offene Regale für gefaltete Shirts und Unterwäsche vorhanden sein. Haken für Sportbeutel und Taschen dürfen ebenfalls nicht fehlen. Ideal ist eine ganze Wand voller Einbauschränke mit Drahtkörben, Stangen und Haken. Simple Schranktüren lassen sich mit Kükendraht und Stoff aufpeppen. Man kann sie auch ganz aushängen und stattdessen Vorhänge aus Musselin oder Samt anbringen. Kleine Zimmer wirken mit Spiegeltüren gleich viel größer. Schlichte Türen können mit aufgeklebten Profilleisten verziert oder mit Fotos dekoriert werden.

Vergessen Sie auch die »Extras« nicht. Jedes Mädchen braucht einen großen Spiegel. In einem modernen Zimmer könnte man die Innenseite der Tür verspiegeln. Sie könnten auch einen preiswerten Spiegel mit einem originellen Rahmen kaufen, den Sie schwarz, silbern oder vielleicht knallgrün streichen. Ein Schminktisch bietet sich zur Aufbewahrung des Sammelsuriums von Schminkutensilien, Schmuck, Parfüm und anderen persönlichen Kleinigkeiten an. Wenn Ihre Tochter Retro-Chic mag, gehen Sie auf die Jagd nach einem Nierentischchen mit passendem Hocker. Hat sie es gern sachlich, ist ein Wandregal mit Hocker zum Darunterschieben vielleicht die passende Lösung.

HOME
VISITOR

Rooms for Boys

Auch Jungs wünschen sich coole Zimmer. Sie brauchen einen Platz zum Lernen, zum Schlafen, zum Abhängen mit Freunden – aber auch einen Ort, um ihre Hobbys und Vorlieben zu zeigen. Allgemein meint man ja, dass ein Jungenzimmer eine Bude voll stinkiger Sportschuhe ist, doch das muss ja nicht für Ihren Sohn gelten. Wenn Sie mit Begeisterung und Ideen an die Gestaltung des Zimmers herangehen, wird der Junior mitziehen. Ein Junge im Teenageralter hat klare Vorstellungen davon, wie sein Zimmer aussehen soll. Ob sachlich und zweckmäßig, vergnügt und bunt oder stimmungsvoll-düster – er wird Ihre Unterstützung (und Ihr Geld) brauchen, um seine Ideen in eine konkrete Gestaltung umzusetzen.

Kreative Freiheit, ob das nun schwarz gestrichene Bodendielen oder Landkarten als Tapete bedeutet, und Privatsphäre sind zwei Paar Stiefel. Von dem Moment an, in dem ein Junge einen Computer oder Fernseher in seinem Zimmer hat und diesen mehr oder weniger uneingeschränkt nutzen kann,

»Ich finde, ein Zimmer zeigt auch, wer man ist. Es spiegelt die Persönlichkeit wider. Darum ist meines so cool.« FREDDIE/15 JAHRE

»Ich mag mein Zimmer wegen der tollen Farbe, die ich ausgesucht habe. Und wegen der Größe, der großen Fenster und des Fernsehers. Alle meine Freunde kommen gern her.« HARRY/13 JAHRE

wird zur Diskussion stehen, wie viel Zeit er vor dem Gerät verbringt und wie viel Kontrolle Sie als Eltern ausüben können. Hilfreich kann so genannte »Kinderschutzsoftware« sein, ebenso können Regeln für die Zeit vor dem Bildschirm vereinbart werden. Sie sollten ihn aber auch überzeugen, sein Zimmer behaglich herzurichten, damit andere Familienmitglieder zu Besuch kommen können (wenn sie eingeladen sind).

Im Zimmer eines männlichen Teenagers zählt Zweckmäßigkeit. Stauraum sollte leicht zugänglich sein, die Technik ordentlich installiert, die Oberflächen robust. Fragen Sie Ihren Sohn, ob er bestimmte Möbel oder Accessoires besonders cool findet. Vielleicht nennt er große Stücke wie einen Ledersessel (dann fangen Sie schon mal zu sparen an), vielleicht auch nur einen eigenen Wasserkocher. Regen Sie ihn an, sich für sein Zimmer zuständig zu fühlen – also auch für Ordnung und Sauberkeit. So müssen Sie seltener mahnen und er wird eher bereit sein, Schmutzwäsche zur Waschmaschine zu bringen oder sein Bett zu machen.

Links Die Zimmertür hat Symbolwert. Sie markiert den Bereich der Privatsphäre und der Unabhängigkeit. In einer zwanglos eingerichteten Wohnung kann es witzig aussehen, wenn die Tür mit Aufklebern verziert ist. Alternativ wäre denkbar, die Tür in einer kräftigen Farbe zu streichen oder ein rundes »Bullauge« einzubauen.

Gegenüber Ein Wandbild ist eine großartige Dekoration. Ein Digitalfoto ausdrucken, ein Raster aufzeichnen und das Motiv Stück für Stück in ein vergrößertes Raster auf der Wand übertragen. Dabei können Freunde prima helfen.

Nutzen Sie persönliche Leidenschaften.

Heranwachsende Jungen finden es einfacher, sich bei der Raumgestaltung von einem Hobby wie Surfen oder Musik leiten zu lassen, statt einfach Farben oder Tapeten auszusuchen. Als Ausgangsbasis könnte Ihr Sohn Bilder, Grafiken, Piktogramme oder Logos herunterladen oder fotografieren.

Angeblich interessieren sich Jungen nicht für ihr Zimmer – das ist aber Unsinn. Allerdings gehen sie anders damit um als Mädchen. Muster, Strukturen oder einfach die Präsentation schöner Dinge ist Jungs meist nicht so wichtig. Für sie zählt mehr die richtige Ausstattung, ob das nun der Computer, die Musikanlage oder die Gitarre ist. Wenn Sie das schwer nachvollziehen können, denken Sie daran, wie Teenager sich anziehen. Mädchen legen Wert auf modische Details, Jungs wollen etwas, das man schnell überziehen und dann vergessen kann, solange es cool aussieht. Ähnlich verhält es sich mit dem Zimmer. Aussehen und Aufteilung spielen eine Rolle, aber wichtiger sind die einzelnen Objekte.

Cornwall
Club
GB
PRINT HERE

Diese Seite In diesem schlichten Zimmer mit weißen Wänden und dunklem Boden sorgt die originelle Leuchte im Stil der 1960er Jahre für Aufsehen. Ähnlich interessant wirken Hängeleuchten mit einem Schirm aus verspiegeltem Material oder knallig buntem Acryl. Auch Papierlaternen mit Laserschnitt-Muster können reizvoll aussehen. Farbige Glühlampen sorgen für stimmungsvolles Licht.

Gegenüber unten Reicht der Platz für einen Nachtschrank nicht aus, bietet sich ein Regal als Alternative an.

Rechts Ausstattungsstücke wie der klobige Heizkörper oder ein Deckenventilator sind praktisch und attraktiv.
Unten Wenn es denn gar nicht ohne nackte Mädchen geht, könnte man sie immerhin originell präsentieren – vielleicht integriert in ein Wandgemälde aus bunten Schnörkeln, in dem man die Grazien zumindest aus einigem Abstand nicht so genau erkennt.

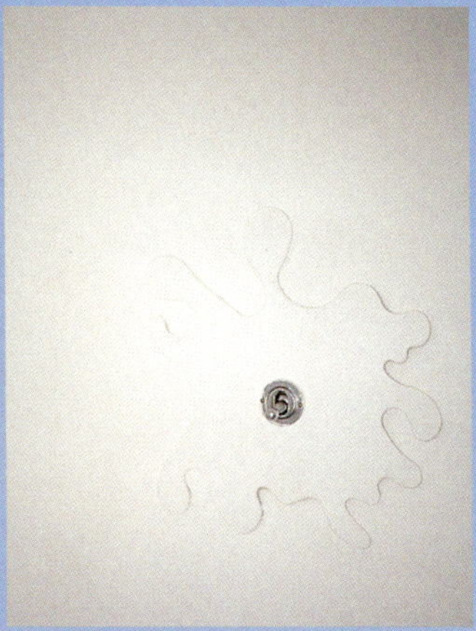

Die Lage des Zimmers im Haus ist für Jungen ebenso wichtig wie für Mädchen. Sie – und er – werden einen gewissen Abstand zum Elternschlafzimmer schätzen. Ihnen wird der unvermeidliche Geräuschpegel weniger ausmachen, und er wird die Privatsphäre schätzen. Wenn Sie einen Dachboden- oder Kellerausbau planen, bietet es sich an, dort sein Zimmer einzurichten. Viele Jungs werden ein Zimmer im Erdgeschoss oder im Souterrain begeistert annehmen. Wenig Tageslicht macht ihnen nichts aus, und wenn sie spät nach Hause kommen, stören sie niemanden. Und wenn ohnehin ein neues Zimmer geschaffen wird, könnte man über den Einbau einer Dusche nachdenken. Es mag überraschen, aber viele Jungs genießen eine eigene Nasszelle.

Space Laser Gun I
Atomic
Laser Power

REIZTHEMA/GESCHMACK

Wenn du eine eigene Meinung hast, heißt das nicht, dass deine Eltern sie teilen müssen. Aber sieh die Sache pragmatisch: Man muss ja nicht über alles streiten. Du magst ihre Musik scheußlich finden – und sie verabscheuen deine. Andererseits wollt ihr euch alle in eurer Wohnung wohl fühlen. Statt den Geschmack deiner Eltern zu kritisieren, könntest du kreative Ideen einbringen. Sammle Fotos oder Zeitschriftenbilder und erkläre, wie die Vorschläge bei euch wirken könnten. Flur, Fernsehzimmer oder Küche eignen sich für einen überraschenden Stilmix am besten. Diese kunterbunte Sammlung von Spielzeugpistolen an einem Metallgitter sieht fast so gut aus wie ein modernes Gemälde.

Unten Ein Drehstuhl sieht gut aus und ist für die Hausaufgaben die beste Wahl. Die Armlehnen sollten niedrig sein, damit man ihn bequem unter die Schreibtischplatte schieben kann. Drehstühle gibt es für wenig Geld in vielen Farben.

Rechts Eine Tagesdecke aus Kunstfell, Karostoff oder Fleece kann über schlichter Baumwollbettwäsche ausgesprochen gut aussehen. Sinnvoll ist eine große Decke, die man über das gesamte Bett legen kann, wenn Freunde zu Besuch kommen.

Ganz rechts Logos von Sportartikelherstellern oder Mannschaften eignen sich auch als Wanddekoration. Hier prangt über dem Kamin das handgemalte Logo der New York Yankees.

In Bezug auf die Einrichtung müssen Sie vielleicht Schützenhilfe leisten. Eine unkonventionelle Wand- und Bodengestaltung ist ein guter Anfang. Viele männliche Teenager mögen einen derben, urbanen Stil, der mit ungemein praktischen, robusten Oberflächen einhergeht. Stehen Bauarbeiten an, könnte man an einer Wand den Putz entfernen und die rohen Mauersteine freilegen. Sichtmauerwerk kann in Verbindung mit leuchtenden Farben wie Violett oder Scharlachrot toll aussehen. Wände aus poliertem Verputz sehen edel aus, sind aber teuer. Preiswerter ist lackierter Verputz. Denkbar ist auch eine Wandverkleidung mit Naturmaterialien, die zugleich isolierend wirken. Eine Profilholztäfelung könnte man in modischem Grau oder Khaki streichen, interessant sieht auch eine Verkleidung aus lackiertem Sperrholz aus. Korkplatten sind preiswert und können als großflächige Pinnwand dienen.

Der Gedanke an Dutzende miefiger Sportschuhe, die auf dem Boden verstreut liegen, macht die Notwendigkeit eines praktischen Bodenbelags deutlich. Viel kosten muss er nicht. Praktisch ist zum Beispiel ein Naturfaserbelag, kombiniert mit Tierfell-Imitationen. Vielleicht gefallen Ihnen auch Teppichfliesen oder Nadelfilz. Hartböden sind relativ pflege-

BRAVE
OF THE
BRAVE
Y-3
Y-3
Y-3
Y-3
70
76
AKG

leicht. Bodendielen, die geschliffen und versiegelt sind, könnte man einfarbig streichen oder mit einem Camouflage-Muster, mit Streifen oder Graffiti bemalen. Gummifliesen gibt es in vielen originellen Farben, Vinyl wird mit Holz-, Stein- und Wasser-Effektdrucken angeboten. Für den ultimativen Großstadt-Look empfehlen sich Edelstahlplatten oder gebrauchte Dielen.

Durch attraktive Details wie Heizkörper, Tür- und Schrankgriffe lässt sich ebenfalls ein sachlicher, praktischer Stil vermitteln. Wenn der restliche Raum mit schlichten Einbauschränken und funktionellen Möbeln ausgestattet ist, lohnt es sich, in einen interessanten Heizkörper und attraktive Edelstahlgriffe zu investieren. Schicken Sie Ihren Sohn im Internet auf die Suche nach verschiedenen Modellen, und

Oben links Wenn dir Musik wichtig ist und du verhindern möchtest, dass Geschwister (oder Eltern) an deinen Sachen herumspielen, dann bringe Instrumente auf stabilen Ständern und Verstärker in einer Ecke des Zimmers unter und halte Ordnung. Rockmusik ist ein gutes Dekorationsthema. Klassische Fotos sehen in einheitlichen Rahmen edel aus. Lässiger wirkt eine ganze Wand voll überlappender Plakate.

Oben In tiefen Schubladen sind CDs und Computerspiele gut verstaut.

Gegenüber oben Mit interessanten Strukturen und pfiffigen Details kann ein Zimmer sehr edel wirken. Hier sind die Wände mit Sackleinen bespannt, das Kopfteil ist mit Polsternägeln verziert.

Gegenüber unten Alte Möbel haben Charakter, und Trödelmärkte sind lohnende Einkaufsquellen.

gehen Sie dann mit ihm in ein Fachgeschäft oder zum Händler für gebrauchte Baustoffe, damit er eine Vorstellung des Angebots bekommt. Das wird er interessanter finden als einen Rundgang durch Tapetenausstellungen!

Aber nicht alle Jungs stehen auf diesen »Citylook«. Manche haben eine künstlerische Ader und möchten mit Farben und Strukturen experimentieren. Erlauben Sie Ihrem Sohn, gute Ideen auszuprobieren. Aber bitten Sie ihn darum, seine Vorstellungen zu erklären und eine Musterplatte zusammenzustellen, ehe Sie Geld ausgeben. Möchte er zur Spraydose greifen, bestehen Sie darauf, das Graffiti auf eine begrenzte Wandfläche zu beschränken. Interessant kann auch eine Wandgestaltung mit plastischen Objekten sein – von Flaschendeckeln bis hin zu Skateboards-Decks.

»Mein Zimmer ist cool. Ich mag mein Bett, und der Raum ist klasse, um mit Freunden abzuhängen.«

TATE/18 JAHRE

Sollen die Wände unversehrt bleiben, stellen Sie dem kreativen Junior eine große Leinwand oder Sperrholzplatte zur Verfügung. Als Ausgangspunkt für die Gestaltung könnte er auch ein Thema wählen, für das er sich begeistert, vielleicht Rockmusik, eine Sportart oder die »Surf-Kultur«.

Steckdosen sollten frühzeitig verlegt werden. Außer der Beleuchtung an Bett und Schreibtisch brauchen Fernseher, Spielkonsole, DVD-Player, Computer, Musikanlage, vielleicht auch E-Gitarre, Verstärker oder Mischpult Stromanschlüsse. Sind im Haushalt mehrere Computer vorhanden, könnte man jetzt über ein Funknetzwerk nachdenken. Für den Fernseher empfiehlt sich ein Rollwagen, in dem auch das Zubehör untergebracht werden kann. Preiswerte, aber attraktive Modelle aus Metall sind in jedem Möbelmarkt zu

finden. In einem beengten Zimmer könnte ein kleiner Fernseher auch mit einem Schwenkarm an der Wand befestigt werden.

Weil Zimmer von Jugendlichen viele Funktionen erfüllen, sollte die Beleuchtung anpassungsfähig sein. Außer einer Deckenleuchte – Pendelleuchte oder Einbaustrahler – braucht Ihr Sohn eine gute Schreibtischbeleuchtung. Natürlich lässt sich mit Licht auch Atmosphäre schaffen. Originelle Leuchten sind auch für wenig Geld zu haben, spendieren Sie Ihrem Sohn ruhig zwei oder drei witzige Modelle. Lichtschläuche, Lavaleuchten, Leuchtschilder für die Wand oder Lichternetze sehen toll aus. Und schreien Sie nicht entsetzt auf, wenn Ihr Sohn nackte Glühlampen bevorzugt. Mehrere in einer Reihe aufgehängt können richtig cool aussehen.

Da Jugendliche gern und viel schlafen, sollte sich das Zimmer auch verdunkeln lassen. Aber bitte ganz einfach!

Oben Alte Spielzeugautos sehen gut aus und eignen sich auch dann noch zur Dekoration, wenn man nicht mehr damit spielt.
Rechts Sporttrophäen, signierte Bälle oder Caps mit Vereinslogos sind zu schade zum Verstecken. Kleine Objekte könnte man auch in einer Wandvitrine präsentieren.
Gegenüber Selbst ein buntes Zimmer sieht ordentlich aus, wenn alles seinen Platz hat und offene Regale ab und zu aufgeräumt werden.

WARUM NICHT MAL ...

>> Misch dir doch deine ganz individuelle Wandfarbe! Du brauchst einen Plastik-Farbeimer, einen hellen und einen dunklen Ton deiner Grundfarbe (z.B. Khaki oder Grau) und dazu weiße Farbe.

>> Es macht Spaß, einen Farbverlauf auf die Wand zu malen. Gib beim Streichen einfach immer mehr Weiß zu deiner Farbe, sodass der Ton allmählich heller wird.

Praktische Lösungen sind Abdunklungsrollos in Schwarz oder Weiß, Lamellenjalousien oder Fensterläden im amerikanischen Stil.

Wenn es bodenlange Vorhänge sein sollen, empfiehlt sich schwarzer Samt, Sackleinen, Jeansstoff oder Matratzendrell. Die Stoffbahnen können mit Vorhangband an Schienen hängen oder mit Schlaufen oder Metallösen auf schlichte Stangen aus Holz oder Stahl geschoben werden. Älteren Jungen mit Stilbewusstsein gefallen vielleicht auch Nadelstreifen, Schottenkaro oder Tweed.

Jetzt mag Ihr Sohn ein staksiger Dreizehnjähriger sein. Gerade Jungen wachsen aber schnell zu tapsigen Riesen heran. Wenn Sie Ihren Sohn ermutigen möchten, sich zu Hause mit Freunden zu treffen (statt unbeaufsichtigt woanders), braucht er einladende Möbel und eine Raumaufteilung, die Jungmännerversammlungen zulässt. Auf schicke Möbel legen Jungen meist weniger Wert – auf reichlich Platz umso mehr.

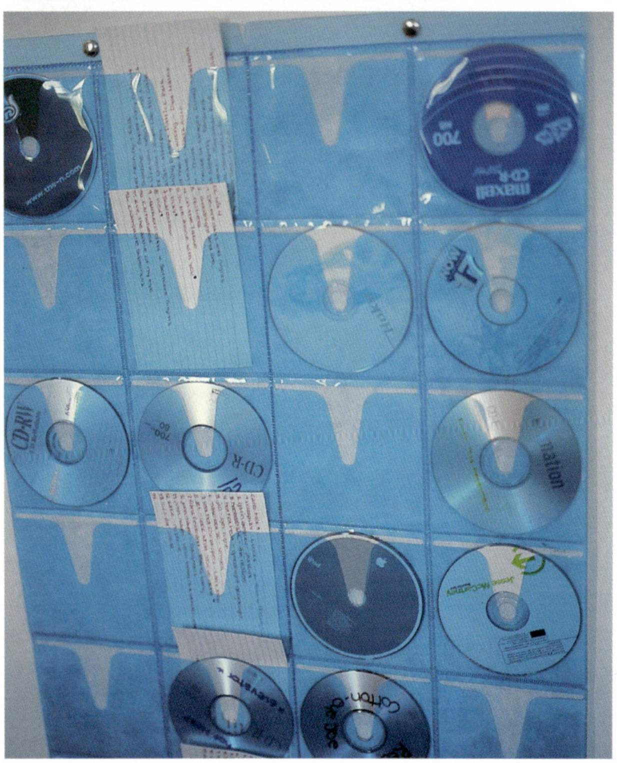

Beginnen Sie mit dem Bett. Ist das Zimmer klein, sollte es niedrig sein, damit es auch als Sitzgelegenheit dienen kann. Praktisch ist ein Bett auf Rädern oder ein Plattformbett im asiatischen Stil, auf dessen Rand man sitzen kann. Unter einem Hochbett, das man über eine Leiter erreicht, lassen sich Sitzsäcke oder dicke Bodenkissen unterbringen. Eine zweite Matratze zum Herumlümmeln und für Übernachtungsbesuch ist eine lohnende Anschaffung. Ebenso praktisch sind Mehrzweckmöbel wie Sitzwürfel, die sich zur Liegefläche aufklappen lassen, oder Sessel im Futon-Stil. Auch eine Hängematte kann originell und witzig aussehen. Wenn der Platz ausreicht, stellen Sie Sessel oder ein Sofa ins Zimmer. Die Bezüge dürfen ruhig Gebrauchsspuren haben. Jungs mögen abgewetztes Leder, dunklen Samt oder derben Breitcord, vielleicht mit einigen bunten Patchworkkissen.

Ein guter Schreibtisch mit einem höhenverstellbaren Drehstuhl ist ein Muss. Preiswerte Schreibtische gibt es in großer Auswahl, von Kopien klassischer Modelle bis zu Platten aus buntem Melamin, Glas oder Holzfurnier auf Metall- oder Holzbeinen. Metallschreibtische im Stil der 1950er Jahre sind praktisch, weil sie so viele große Schubladen haben.

Denken Sie daran, dass sich häufig mehrere Freunde vor dem Computer versammeln werden. Dieser ist auf einem schmalen Esstisch oder einer an der Wand montierten MDF-Platte oft besser untergebracht als auf dem Schreibtisch. Tischplatten müssen strapazierfähig sein. Ideal sind Edelstahl oder Zink, ebenso ein alter Kiefernholztisch oder eine alte Werkbank.

Halbwüchsige Jungen halten ihre Kleidung meist nicht sonderlich gut in Ordnung, doch wenn Sie unkomplizierte Aufbewahrungsmöglichkeiten schaffen, erleben Sie vielleicht eine positive Überraschung. Etwas Platz für hängende Stücke auf Kleiderbügeln muss sein.

Eine Nische für einen Einbauschrank findet sich in fast jedem Zimmer. Deckenhohe, tiefe Regale bieten Stauraum für Jeans, T-Shirts und andere Kleidung. Anstelle von

Gegenüber oben Wer einen klaren Stil mag, kann natürliche Oberflächen und Primärfarben mischen. Dieses Zimmer erfüllt drei Funktionen: Das Bett steht unter dem Fenster, der Schreibtisch in der Mitte, und an der gegenüberliegenden Wand befindet sich ein Polsterbett zum Lümmeln.

Gegenüber unten Dinge, die man täglich braucht, sind an der Wand gut untergebracht. Solch ein Utensilo aus transparentem Plastik ist praktisch für CDs, Fotos und Infozettel aus der Schule.

Oben Manche Comic-Klassiker sehen in ordentlichen Rahmen einfach viel besser aus als einfach an die Wand gepinnt. Auch Motive aus Lieblings-Kinderbüchern können sehr attraktiv aussehen, wenn man sie in einem Jugendzimmer in »erwachsenen« Rahmen präsentiert.

REIZTHEMA/PRIVATSPHÄRE

Zu Hause hat jeder ein Recht auf Privatsphäre. Wenn deine Zimmertür geschlossen ist, sollten Eltern, Geschwister und Freunde anklopfen (und auf ein »Herein« warten). Hältst du deine Tür aber grundsätzlich geschlossen, kann das unfreundlich und abweisend wirken. Überlege dir, wie du andere wissen lassen kannst, ob sie auf einen Schwatz hereinkommen können – oder lieber nicht. Du könntest ein Schild mit der Aufschrift »Bitte nicht stören« malen und an die Tür hängen, wenn du gern allein sein möchtest. Ein Metallschild mit dem Schriftzug »Bitte Ruhe« zeigt anderen, dass du lernen musst. Oder halte es wie die Tonstudios und montiere über der Tür eine rote Lampe, die signalisiert, dass man nicht eintreten soll.

Oben Schablonen sind mit Lineal und Cutter leicht aus fester Pappe zuzuschneiden. Ein kurzes, prägnantes Wort oder ein Logo reicht völlig aus.
Links Praktisch für kleine Zimmer: ein eingebauter Schreibtisch mit schmalen Regalen.
Rechts Poster sehen dicht an dicht und überlappend toll aus, und mit Klebepunkten lassen sie sich leicht austauschen. Dazwischen kann man auch vergrößerte Farbkopien von Digitalfotos hängen.

XBOX
BIN THERE
DONE THAT
HONK IF
YOU'RE HORNY
YODA
HELLO
MY
NAME
IS
FUN
RAISIN
carhartt
FOOTBALL
The most ferociously original
horror film of the
HALO 2
THE GRUDGE
It never forgives. It never forgets.
Starring
Make-up Effe
Music by
COMPLETE DOG CARE MANUAL DR BRUCE FOGLE
POPULOUS

»Mir gefällt, dass ich mein Zimmer verändern kann. Ich stelle gerne mein Bett um. Eigentlich stehe ich nicht so auf Kunst, aber dieses Sportbild mag ich sehr, weil ich ein großer Sportfan bin.«

RAPHI/11 JAHRE

Links und rechts Wenn der Platz (und das Budget) es zulassen, ist ein kleines Duschbad eine großartige Ergänzung für ein Jungszimmer. Hier schließt sich die Dusche direkt an eine Schrankwand an. Hinter den Schiebetüren (siehe rechts) verschwindet eine Menge Krimskrams. Ältere Söhne werden diesen sachlich-modernen Stil schätzen, der auch einem Gästezimmer steht, wenn sie einmal ausgezogen sind. Für einen Raum mit so schlichten Wänden und Schrankfronten bietet sich ein riesengroßes Bild als Blickfang förmlich an.

Schranktüren wären Schiebetüren im japanischen Stil oder Stoffrollos denkbar. Ein Metallspind ist ein stilvolles Aufbewahrungsmöbel für die Sportausrüstung. Eine Reihe Wandhaken sorgt dafür, dass sich Jeans nicht auf dem Boden türmen. Und Schuhe können einfach in eine große Korb- oder Kunststofftonne geworfen werden.

Schaffen Sie Spielalternativen zu Computer und Fernseher. Ein Dartboard nimmt wenig Platz ein und sieht außerdem interessant aus. Auch ein Basketballkorb über der Tür ist ideal, um zwischendurch schnell einmal Dampf abzulassen. Und wenn der Platz ausreicht, macht ein Tischfußballspiel Spaß. Manche Jungs haben Freude an Schätzen aus der Jugend ihrer Eltern. Ein alter Plattenspieler und eine Sammlung LPs aus den 1970ern liegen neuerdings wieder voll im Trend.

Manche Jungen kommen bestens ohne Dekorationen oder private Schätze aus, anderen ist es wichtig, Sportfotos, Modellautos oder Trophäen zu präsentieren. In einem kleinen Zimmer reicht ein schmales Regal für die Mannschaftsfotos aus.

Sie könnten auch ein Regalsystem für Bücher, CDs und DVDs anbringen. Eine Pinnwand aus Kork oder Metall (mit Magneten) ist praktisch zum Aufhängen von Fotos, Konzertkarten und anderen Erinnerungsstücken.

Ihr Sohn sollte sich überlegen, was ihm wichtig ist. Und wenn er seine Besitztümer nicht präsentieren möchte, erklären Sie ihm, dass gerade solche Kleinigkeiten den Raum interessant machen. Es ist sein Zimmer – da darf er ruhig zeigen, worauf er stolz ist.

WARUM NICHT MAL ...

>> Kunst selber machen. Bitte doch einen begabten Mitschüler, dir eine große Leinwand in seiner Lieblingstechnik zu bemalen. Er wird geschmeichelt sein!

>> Experimentiere mit Fotos. Nimm dir einen Tag Zeit, deine Umgebung zu fotografieren – zum Beispiel Bäume, Gullydeckel, Leuchtreklamen oder Straßenlaternen. Das am besten gelungene Bild kannst du dann vergrößern und auf Leinwand drucken lassen, um es an die Wand zu hängen.

Badezimmer

Wenn Kinder älter werden, verändert sich auch das Familienbadezimmer. Wo neulich noch Kleinkinder geplanscht haben, widmen sich plötzlich große Jungen und Mädchen stundenlangen Pflegeritualen. An Schultagen, wenn auch noch Sport ansteht, wollen sie womöglich ein- bis zweimal täglich duschen – und zwar alle zur gleichen Zeit. Eine kritische Bestandsaufnahme der Waschgelegenheiten ist daher kein Fehler. Die ideale Lösung ist ein Elternbad gleich neben dem Schlafzimmer und ein separates Bad oder Duschbad für die Kinder. Ist ein Kinderbad schon vorhanden, könnte es jetzt in einen teenagergerechten Duschraum umgewandelt werden. Körperpflege ist für Jugendliche heute ein wichtiges Thema, insofern ist ein eigenes Bad nicht unbedingt ein Luxus.

Der Einbau eines neuen Bades muss nicht die Welt kosten. Meist treiben edle Materialien und Designer-Sanitärobjekte den Preis für ein neues Bad in die Höhe. Legen Sie ein realistisches Budget fest – und halten Sie sich daran. Sanitär- und Fliesenhänd-

»Mein Zimmer ist mein Paradies. Gleich daneben liegt ein Bad in Rosa – das braucht einfach JEDES Mädchen.«

PHOEBE/17 JAHRE

»Ein eigenes Bad ist toll, fast wie eine kleine Wohnung. Manchmal ist unseres aber auch für Gäste da.« DANIELA/13 JAHRE

ler bieten oft Restposten und Auslaufmodelle zu kleinen Preisen an. Es spricht auch nichts dagegen, Materialien bunt zu mixen. Teenagern ist nicht so wichtig, ob der Boden aus Vinyl oder Marmor besteht. Was zählt, ist der Gebrauchswert des Raums. Reichlich heißes Wasser und ein großer Spiegel stehen auf ihrer Prioritätenliste weit oben.

Vereinbaren Sie, dass jeder das Bad sauber hinterlässt. Kinder sind aber manchmal vergesslich. Helfen Sie Ihnen mit einem Hotelschild »Bitte sauber machen«, das an die Tür gehängt wird, auf die Sprünge. Sie können erwarten, dass die Kinder Handtücher nach Gebrauch aufhängen, die Wanne auswischen und Ordnung zwischen ihren zahllosen Pflegeprodukten halten. Ordnung und Sauberkeit sind umso wichtiger, wenn das Kinderbad zugleich als Gästebad dient. Stellen Sie einen großen Korb für Schmutzwäsche auf und bestehen Sie darauf, dass er benutzt wird. Wenn der Platz ausreicht, könnten Sie sogar Waschmaschine und Trockner aufstellen und den Kindern die Verantwortung für ihre Wäsche übertragen.

Ganz einfach, bitte! **In einem Bad, das für Eltern, Jugendliche und Gäste da ist, sollte die Aufteilung geradlinig und die Gestaltung schlicht (am besten einfarbig) sein. Wasser, Licht und andere Installationen müssen perfekt funktionieren. Praktisch ist es, wenn jedes Familienmitglied einen eigenen Schrank oder Aufbewahrungskorb hat.**

Zuerst geht es darum, Lage und Größe des Teenager-Bades festzulegen. In einem geräumigen Zimmer lässt sich mit einer Trockenbauwand leicht eine Ecke für ein kleines Bad abtrennen. Ebenso könnte man ein ungenutztes Zimmer zum Bad umbauen. Liegt es zwischen zwei Kinderzimmern, könnten Geschwister es beispielsweise gemeinsam benutzen. Wer umzieht oder größere Umbauten plant, sollte gleich an ein zusätzliches Bad denken. Und selbst wenn Sie die Wohnung nur geringfügig verändern wollen, sollten Sie über den Einbau eines neuen Bades unbedingt nachdenken.

Wenn Eltern ein eigenes Bad neben dem Schlafzimmer haben, ist es sinnvoll, das Familienbad auf Teenagerbedürfnisse zuzuschneiden. Wenn Sie vor Jahren, als die Kinder noch klein waren, ein kleines, niedriges Waschbecken und eine Badewanne eingebaut haben, sollten Sie diese nun durch einen Doppelwaschtisch und eine Dusche ersetzen. Möchten Sie kein Geld für einen Badumbau ausgeben, könnten Sie auch überlegen, ob woanders eine Dusche mit WC unterzubringen wäre. Viel Platz braucht man dafür nicht, eine Nische im Hauswirtschaftsraum oder unter der Treppe genügt vollkommen.

Links In engen Bädern ist eine bodenebene Duschkabine sinnvoll, weil man auf eine Tür verzichten kann. An der Stirnwand ist ein heizbarer Handtuchhalter montiert.
Ganz links Offene Regale sind im Familienbad praktisch. Unter dem Waschbecken sind Kulturtaschen, Handtücher und Weidenkörbe mit Kleinigkeiten verstaut.
Gegenüber Dieses geschickt geplante Familienbad verfügt über eine geräumige Wanne zum Entspannen und eine Dusche hinter der Trennwand. Die sachlichen Oberflächen sprechen Eltern und trendbewusste Teenager gleichermaßen an.

REIZTHEMA/UMWELTBEWUSSTSEIN

Vielleicht sind deine Eltern nicht ganz so umweltbewusst wie du. Informiere sie doch über Wassersparmaßnahmen. Für 5 Minuten Duschvergnügen braucht man etwa 35 Liter Wasser, für ein Wannenbad dagegen 80 bis 100 Liter. Diese Zahlen können beeinflussen, ob man lieber eine Dusche oder eine Wanne einbaut. Eine Dusche kann man außerdem mit einem Durchflussbegrenzer ausstatten, der den Wasserverbrauch reduziert. Und soll ein neues WC eingebaut werden, sollte der Spülkasten über eine Spartaste verfügen. An älteren Spülkästen kann man solche Sparvorrichtungen nachrüsten.

Ein kleines Bad erfordert etwas Einfallsreichtum. Ist der Raum breit, aber nicht tief, können alle Objekte an einer Wand installiert werden, vielleicht Dusche und WC in separaten »Abteilen« und dazwischen Waschbecken mit Spiegel. Ein Mini-Bad baut man am besten als Nasszelle aus und hängt Waschbecken und WC an die Wand. Bauen Sie in einem kleinen Bad lieber eine Dusche ein, statt bemühte Kompromisslösungen zu suchen. Jungen im Teenageralter haben keine Freude daran, sich in eine beengte Sitzbadewanne zu zwängen! Schauen Sie sich lieber die Spezialangebote für kleine Bäder an. Einige Hersteller haben außerordentlich pfiffige Lösungen im Programm.

Ein zusätzliches Bad stellt höhere Anforderungen an die Warmwasserversorgung. Lassen Sie vom Klempner prüfen, ob Ihre Installationen dem gewachsen sind. Eventuell sollten Sie eine neue Warmwasserbereitungsanlage installieren lassen, damit es keine Diskussionen

Diese Seite Kombiniert mit Wandfarben in knalligen Tönen wirken auch simple, weiße Sanitärobjekte kein bisschen langweilig.

Gegenüber links In diesem Bad unter dem Dach ist jeder Zentimeter gut genutzt. Das Waschbecken hat eine integrierte Ablage, auf der Kosmetika abgestellt werden können. Der Platz darunter bleibt frei für einen Zeitschriftenhalter oder für Körbe mit Handtüchern und anderen Utensilien.

Gegenüber rechts Die Tür zwischen Schlafraum und Bad sollte nicht zu viel Platz einnehmen. Praktisch sind Falttüren (hier abgebildet). Auch Schiebetüren aus MDF-Platte oder satiniertem Glas sehen gut aus.

»In unserem Haus herrscht Ferienstimmung. Die Farben im Bad sind frisch, fröhlich und anregend.«

LUC/VATER

darüber gibt, wer wann wie lange duschen kann. Denken Sie auch an die Heizung. Praktisch ist ein heizbarer Handtuchhalter, der im Idealfall groß genug ist, um das ganze Bad zu erwärmen. Teenager brauchen viele Handtücher, schon aus diesem Grund ist ein heizbarer Handtuchhalter eine gute Investition.

In einem großen Badezimmer lassen sich Badewanne und Dusche unterbringen. Bedenken Sie dann aber die Raumaufteilung. Ist zwischen Wanne und Dusche ein Sichtschutz vorhanden, können zwei Geschwister das Bad eher gemeinsam benutzen.

Denkbar wäre beispielsweise, die Wanne längs an einer Trennwand zu installieren, hinter der eine bodenebene Dusche eingebaut ist. Alternativ könnte die Dusche in

Oben Eine Oberfläche aus einfarbigem Laminat in einem knalligen Ton kann sehr attraktiv aussehen. Laminat ist strapazierfähig und in vielen Farben erhältlich.
Gegenüber oben links Etwas Fantasie genügt, um ein Bad interessanter zu gestalten. Der »Himmel« auf Rollen trennt das WC vom übrigen Raum ab. Dazu passt der Papierrollenhalter im Industriedesign.
Oben rechts Medikamente sind in kleinen Schränken bestens verstaut.
Gegenüber unten links Das Bad mit bodenebener Dusche und WC-Kabine ist ungemein praktisch, aber durch die bunten Fliesen auch sehr freundlich.
Gegenüber oben rechts Diese Badezimmerecke wirkt durch das auf dem Tischchen montierte Waschbecken wie ein Ankleidebereich. Ein großer Spiegel darf nicht fehlen.

der Raummitte stehen und mit einem frei stehenden Sichtschutz ausgestattet sein, während die Dusche in einer Ecke eingebaut ist. Zwei Waschbecken – nebeneinander oder an separaten Wänden – verhindern morgendliche Badezimmerstaus.

In dekorativer Hinsicht muss man kein Vermögen für ein modernes, farbenfrohes Bad ausgeben. Preisgünstig sind zum Beispiel Fliesen oder Mosaik in bunten Farben. Fliest man die Innenseite der Duschkabine oder die Spritzschilde himmelblau oder scharlachrot, wirken einfache, weiße Sanitärobjekte gar nicht mehr langweilig.

Muschelrosa, Flieder oder Hellblau sind schöne Farben für ein Mädchenbad, während Jungen vielleicht schwarze und weiße Fliesen im U-Bahn-Stil gefallen. Mit Fliesen

Steht nur ein Bad für die ganze Familie zur Verfügung, wählen Sie einen schlicht-edlen Stil mit originellen Details. Eltern werden die bequeme Wanne und die ruhigen Farben mögen, während eilige Teenager die bodenebene Dusche schätzen.

WARUM NICHT MAL …

>> Jedes Familienmitglied könnte eine »eigene« Handtuchfarbe bekommen. Jungen mögen vielleicht Grau, Marine, Aubergine oder Schokoladenbraun, Mädchen gefällt Pink oder Orange. So sieht man gleich, wer seine Handtücher nicht aufgehängt hat.

>> Für romantische Stimmung beim Baden schaffen Sie eine große Duftkerze an oder reihen Sie viele Teelichter auf dem Wannenrand auf.

»Am Flur zu meinem Zimmer liegen auch mein Bad und ein begehbarer Schrank – das ist fast ein Mini-Appartement.«

GIBSON/13 JAHRE

kann man auch Muster gestalten. Mosaikfliesen eignen sich für kontrastfarbige Streifen, größere Fliesen für plakativere Muster.

Designbewusste Teenager haben auch an ungewöhnlicheren Lösungen Freude. Relativ preiswert ist beispielsweise polierter Verputz, man könnte auch eine Wand mit Edelstahl oder lackiertem Sperrholz verkleiden. Originell ist ein strukturierter Boden, vielleicht aus Schiefer oder Kieseln in Estrich. Manche dieser Materialien sehen sogar an Wänden reizvoll aus. Für den Boden kämen auch gemustertes Vinyl, Gummi oder Linoleum in Frage.

Das Angebot an farbenfrohen, attraktiven Badezimmerausstattungen ist heute so groß, dass man ruhig erwägen sollte, ein interessantes Stück anzuschaffen und ansonsten preiswerte Objekten zu wählen.

Man könnte beispielsweise einfache, weiße Sanitärobjekte mit einer Laminat-Wandverkleidung in einem frechen Farbton wie Zitronengelb oder Mandarine kombinieren. Viele Hersteller bieten bunte Sanitärobjekte an. Ein grünes Waschbecken vor einem schwarzen Spritzschild ist ein echter Hingucker. Auch eine nach Maß geschnittene Glas- oder Laminatplatte kann gut aussehen. Digitale Techniken machen es möglich, jedes beliebige Bild – vom Küstenmotiv bis zu grünen Blättern – auf Glas zu drucken und daraus ein Spritzschild oder eine Duschabtrennung herzustellen.

Oben links und oben In engen Bädern ist ein an der Wand montiertes Waschbecken vorteilhaft. Für Mini-Bäder empfiehlt sich ein Eckwaschbecken. Nach ungewöhnlichen Objekten, die auch einem modernen Bad Charakter geben, sollte man ruhig einmal beim Trödler oder beim Händler für historische Baumaterialien stöbern.

Oben Wenn der Platz ausreicht, kann ein Sessel oder Sofa im Bad sehr gemütlich sein.
Links In einem Familienbad sollten reichlich Handtücher bereit liegen. Farbige Handtücher sind praktischer als weiße und sehen in offenen Regalen auch noch gut aus.
Gegenüber Ein alter Frisiertisch oder ein kleines Tischchen mit Spiegel braucht wenig Platz, sieht hübsch aus und ist praktisch.

Weil das Bad auch ein Ort der Eitelkeit ist, darf ein großer Spiegel nicht fehlen. Man könnte die ganze Wand über dem Waschtisch verspiegeln oder einen oder mehrere Spiegelschränke anschaffen. Mädchen werden einen von Glühlampen eingerahmten Spiegel im Stil einer Künstlergarderobe lieben, Jungen brauchen früher oder später einen Rasierspiegel mit Schwenkarm. Ein separater Schmink- oder Rasierplatz mit Ablage ist ebenfalls willkommen. Unter dem Waschbecken sind Einbauschränke praktisch. Auch eine Ablagefläche mit zwei eingelassenen Waschbecken kann sinnvoll sein. Denken Sie an reichlich Stauraum für all die Flaschen und Gefäße! In ein kleines, modernes Bad passt ein Hängeschrank, in dem Cremes und Medikamente Platz finden. Auch ein Metallrollwagen tut gute Dienste. Nischen über Wanne oder Dusche bieten sich zum Einbau kleiner Regale an. Handtücher und das Reserve-Toilettenpapier sind in Körben auf tiefen Regalen oder auf dem Boden gut untergebracht.

JULIETA

Geschwisterzimmer

Viele Kinder teilen sich bis ins Teenageralter hinein ihre Zimmer. Zweifellos braucht von einem bestimmten Alter an jeder einen Schlafbereich ganz für sich, einen ruhigen Ort zum Lernen und Platz, um mit Freunden zusammenzusitzen. Das erfordert aber nicht automatisch zwei getrennte Räume. Viele Geschwister schätzen – bei allen Streitigkeiten – die Gemeinschaft und würden sich in separaten Zimmern manchmal sogar einsam fühlen. Dass Geschwister gleichen Geschlechts ein Zimmer teilen, ist eher üblich. Aber auch Bruder und Schwester können, wenn sie sich gut verstehen, problemlos zusammenwohnen. Schließen Sie keine Möglichkeit aus, ehe Sie sie nicht gründlich durchdacht haben. Und fragen Sie Ihre Kinder!

Richten Sie den Raum flexibel ein.

Ältere Teenager werden zunehmend unabhängig und brauchen mehr Privatsphäre. Studiert ein älteres Kind, könnte das jüngere während des Semesters das ganze Zimmer nutzen. Zwei miteinander verbundene Räume und ein dazugehöriges Bad könnte

»Wenn meine Schwester und ich uns vertragen, ist es gut, dass unsere Zimmer ineinander übergehen. Haben wir Streit, ist es schwieriger. Aber meistens ist sie in der Uni.«

HARRY/13 JAHRE

»Als wir mit allen vier Kindern in einem Loft wohnten, hatte keins ein eigenes Zimmer, sondern nur ›Kapseln‹, die in dem riesigen Raum verschoben werden konnten.«

THOMAS/VATER

man leicht zu einer Einliegerwohnung umbauen (siehe Seite 123–137), wenn eines der Kinder nach dem Studium noch einmal im Elternhaus wohnen möchte. Eine flexible Aufteilung schafft auch die Möglichkeit, die Bereiche ganz nach Bedarf zu trennen. Wenn Kinder gleichen Geschlechts gern in einem gemeinsamen Zimmer schlafen, kann das andere zum Lernen und Entspannen genutzt werden.

Teenager haben ein ausgeprägtes Revierverhalten.

Teilen Sie ineinander übergehende Zimmer oder einen großen Raum, müssen die Bereiche nicht einheitlich möbliert und dekoriert sein. Fördern Sie ruhig die individuelle Gestaltung und achten Sie darauf, dass beide Kinder in den Genuss von Vorzügen (und Nachteilen) des Raums kommen. Aspekte wie die Nähe zu Tür, Fenster oder Bad müssen ebenso gerecht verteilt sein wie der flächenmäßige Anteil. Und wenn sich die Kinder schon während der Planung über solche Grundfragen nicht einigen können, sollten Sie überlegen, ob das gemeinsame Zimmer wirklich eine gute Idee ist.

Unten und rechts Liegen alle Kinderzimmer an einem langen Flur, könnte man sie mit dekorativen Kunstgriffen markieren. Hier ist jede Tür, der Boden davor und ein Stück der gegenüberliegenden Wand in einer anderen Farbe gestrichen. Wer mag, wählt auch die Möbel in der entsprechenden Farbe.

Gegenüber rechts und ganz rechts Englischer Internatsstil – aber kunterbunt: Alle Räume sind mit einfachen Stühlen und Schränken ausgestattet, doch durch verschiedene Farben entsteht jeweils eine ganz andere Stimmung. Ein langer Flur wirkt durch geschickte Beleuchtung oder eine verspiegelte Wand gleich viel interessanter.

Wenn Ihr Haus groß genug ist, trennen Sie die Räume der Jugendlichen vom Elternbereich. Im Idealfall liegen die Jugendzimmer samt eigenem Bad in einem separaten Stockwerk oder an einem gemeinsamen Flur. In einer offenen Wohnung sollten Küche und Wohnbereich das Zentrum bilden, während die Eltern auf der einen und die Kinder auf der anderen Seite schlafen.

Im Idealfall besteht der gemeinsame Bereich von Geschwistern aus zwei ineinander übergehenden Zimmern. So können die Kinder kommunizieren, wenn sie es möchten, aber auch die Tür schließen. Gefällt Ihrem Nachwuchs dieser Gedanke, lässt sich ganz einfach ein Durchgang zwischen zwei Räumen schaffen. Einige Überlegungen stehen aber an. Eine Milchglastür lässt Licht durch und bietet zugleich Sichtschutz. Eine eventuell vorhandene Klarglastür kann mit halbtransparenter Folie beklebt werden. Beim Tischler könnte man eine Tür aus MDF-Platte mit dekorativen Ziernuten bestellen. Und ist genug Wandfläche vorhanden, sind auch Doppelflügeltüren schön, die sich weit öffnen lassen. Ist andererseits kein Platz für eine Tür vorhanden, schaffen Fenster oder Bullaugen in der Wand eine Verbindung.

Älteren Kindern gefällt es, einen abgeschlossenen Bereich mit gemeinsamem Bad zu bewohnen. Die beste Lösung ist ein Duschbad, das zwischen ihren Zimmern liegt und mög-

lichst von beiden zugänglich ist. In einem konventionellen Haus kann es notwendig sein, die Wand zwischen den Zimmern zu entfernen, ein Bad einzubauen und neue Wände mit Türen zu ziehen. In einer Loftwohnung mit flexiblerem Grundriss könnte man zwei nebeneinander liegende Schlafräume sowie gegenüber ein Bad und einen Gemeinschaftsbereich einbauen. Weil ein Bad, das zwischen zwei Zimmer geklemmt ist, meist kein Tageslicht bekommt, wäre eine Wand aus Glasbausteinen oder Milchglas eine sinnvolle Lösung.

In dekorativer Hinsicht sollten miteinander verbundene Räume den jeweiligen Bewohnern gerecht werden. Wenn die Türen offen stehen, sollte aber eine klare optische Verbindung zu erkennen sein. Dies ließe sich beispielsweise durch einheitliche Details wie Heizkörper, Lichtschalter und Türgriffe lösen. Auch identische Einbauschränke und Regale – vielleicht nach Maß vom Tischler gefertigt – sehen gut aus. Wichtig ist letztlich ein roter

Oben Gerade in identischen Bereichen ist eine individuelle Gestaltung mit einer besonderen Tapete oder Lieblingsmöbeln sehr wichtig.

Links In einem offenen Loft sind Ruhe und Privatsphäre schwieriger zu schaffen, dennoch sind beide für Eltern und Kinder wichtig. Andererseits lassen sich wegen der hohen Decken und der fehlenden Trennwände auch originelle Lösungen finden. Hier wurde für jedes Kind eine »Zelle« eingebaut, in der eine Leiter zu einem Hochbett an einem Fenster führt. Die großen Doppeltüren können geschlossen werden, wenn jemand ungestört sein will. Sind sie offen, gehen die »Zellen« fast nahtlos in den Gemeinschaftsbereich über.

REIZTHEMA/KLARE GRENZEN

In einem gemeinsamen Zimmer sind klare Grenzen wichtig. Ist alles doppelt vorhanden (Kleiderschrank, Kommode, Sitzmöbel), gibt es kaum Probleme, denn jeder hat »seine« Hälfte des Raums. Lockerer wirkt die Aufteilung mit einem Sitzbereich für alle, vielleicht mit Sitzsäcken und Fernseher, einem gemeinsamen Kleiderschrank und einer langen Arbeitsplatte, an der zwei Personen lernen können. Dann hat jeder nur sein Bett und dessen direkte Umgebung ganz für sich. Was gefällt euch besser? Stellt klare Regeln auf! Wenn zum Beispiel ein Bewohner lernen muss, sollte der andere keinen Übernachtungsbesuch haben. Wenn Grenzen von vornherein klar definiert werden, gibt es weniger Grund zum Streiten.

Oben links und rechts
Es erfordert etwas Geschick, eine gemütliche Schlafecke zu schaffen. Zwischen Matratze und Decke muss ausreichend Platz sein, um das Bett machen zu können. Und auch wenn du ausgewachsen bist, möchtest du noch genug Bewegungsfreiheit haben. Ein Fenster sorgt für Tageslicht. Weil es in einem Hochbett im Sommer stickig werden kann, muss man auch an die Lüftung denken. Ein Regal für Bücher, Wecker und ein Getränk sollte vorhanden sein, und auch eine Leseleuchte sollte nicht fehlen.

Gegenüber links und rechts Der Vorteil eines Hochbetts ist, dass darunter Platz für einen Schreibtisch oder eine Lümmelecke mit Sitzsäcken oder Bodenkissen bleibt. Selbst diese kleinen »Zellen« sind groß genug für Besuch von Freunden und Geschwistern.

Faden, der die Räume verbindet. Sehr gut eignet sich für diesen Zweck auch ein einheitlicher, durchgehender Bodenbelag.

Wenn Ihre Teenager sich in Geschmacksfragen einig sind, kann es Spaß machen, für beide Räume ein gemeinsames Thema zu wählen. Viele Tapetenhersteller bieten trendige, grafische Muster an. Sehen Sie sich mit Ihren Kindern im Fachhandel um. Vielleicht gibt es ein Muster in zwei verschiedenen Farben, die gut zusammen passen – etwa Schwarz auf Weiß in einem Raum und Weiß auf Schwarz im anderen. Pfiffig wäre auch eine orangefarbene Tapete mit pinkfarbenen Tupfen im Wechsel mit einfarbig pink und orangefarbig gestrichenen Wänden. Fototapeten mit Stadtkulissen oder Küstenmotiven können ebenfalls gut aussehen. Andere kreative Lösungen sind Metallicfarbe, einzelne Flächen mit Strukturtapete oder auch Textiles – von selbst bemalter Künstlerleinwand bis zu Kleiderstoffen mit psychedelischen Mustern.

Wer kreative Kinder hat, könnte einen Grundstil festlegen – von Hippie-Chic bis zum Großstadt-Ambiente – und den jungen Bewohnern erlauben, ihre Zimmer auf dieser Basis

selbst zu gestalten. Veranstalten Sie ein gemeinsames Brainstorming und regen Sie an, eine Musterplatte mit Mode- oder Sportfotos, Bildern aus der Popkultur und anderen Beispielen zusammenzustellen. Damit vage Ideen Profil bekommen, ist es oft hilfreich, dem Gestaltungsthema einen klaren Namen zu geben – etwa »Künstlergarderobe«, »Rock-Chic« oder »Skateboard-Held«. Wenn Möbel und Accessoires passend zu dem Thema gewählt werden, können sich die Farben in den Zimmern ruhig unterscheiden. Dunkelrot für einen Jungen und Violett für ein Mädchen können zu einer Wandcollage mit Postern von Rockstars, farbigen Lichterketten und einem Sessel mit einem Bezug aus Leopardendruck und schwarzem Samt toll aussehen.

Wenn zwei Kinder einen großen Raum gemeinsam nutzen, steht eine pfiffige Aufteilung und Abgrenzung im Vordergrund. Am einfachsten lässt sich der Raum durch wandhohe Schiebetüren teilen. Alternativ könnte man

eine »Wand« aus Sicherheitsglas in Metallrahmen einziehen, in die eine Tür eingebaut wird. Vorhänge oder Rollos auf beiden Seiten bieten sich für Farbakzente an – und können natürlich geschlossen werden, wenn jemand ungestört sein möchte. Ist Geräuschdämmung erforderlich, sind Massivholztüren oder spezielles Schallschutzglas die bessere Wahl. Wenn Lärm jedoch kein Streitpunkt ist, könnte man auch Schiebepaneele aus versteiftem Stoff verwenden, die man bei manchen Rolloherstellern bekommt.

Denken Sie praktisch! Hat der Raum nur eine Tür und ein Fenster, muss die Unterteilung so konzipiert sein, dass niemand durch Durchgangsverkehr gestört wird. Auch auf Tageslicht sollte kein Kind verzichten müssen. Eine gute Lösung ist eine Trennwand aus MDF-Platten, die im oberen Bereich verglast ist, sodass Tageslicht hindurchfällt. Liegt das Zimmer im Dachgeschoss, könnte man auch ein zusätzliches Dachfenster einbauen. Die Beleuchtung sollte flexibel sein. Statten Sie Deckenleuchten mit einem Dimmer aus oder bauen Sie eine separat schaltbare Deckenbeleuchtung ein. Natürlich braucht jedes Kind eine Leuchte auf dem Nachttisch und eine auf dem Schreibtisch.

Gegenüber oben Ist ein Geschwister schon an der Universität, kann während des Semesters das andere Kind das Zimmer allein nutzen, beispielsweise in dem es das freie Bett zur Sitzgelegenheit umfunktioniert.
Gegenüber unten Schiebetüren sind praktisch. Tagsüber verschwinden sie in einem Spalt in der Wand. Nachts werden sie geschlossen, aber der Durchgang zum angrenzenden Bad bleibt frei.

WARUM NICHT MAL ...

>> Veranstaltet vor dem Einzug ins neu gestaltete Zimmer ein gemeinsames Entrümpeln. Ihr habt dann viel mehr Platz zum »Hineinwachsen«.

>> Hinterlasst gemeinsame Bereiche wie Arbeitsfläche oder Dusche so, wie ihr sie vorfinden möchtet.

>> Spart Platz, indem ihr Papiervorräte, leere CDs und Druckerpatronen in einem gemeinsamen Schrank verstaut.

Rechts und unten In einem kleinen Zimmer ist ein gemeinsamer Schreibtisch mit Einbauregalen eine gute Platzsparlösung. Aber jeder braucht auch eigenen Stauraum. Dafür sorgen große Schubladen unter den Betten und Regale für Bücher und Dekoratives über den Kopfenden.

Wenn sich Geschwister gut vertragen, könnte man auch in einem großen Raum separate »Zellen« schaffen und auf eine vollständige Teilung verzichten. Eine Möglichkeit wäre, auf jeder Seite des Raums eine Nische mit Bett, Einbauregalen und -schränken sowie Schreibtisch einzubauen. Ein Vorhang kann die Nische vom restlichen Raum abteilen. Der gemeinsam genutzte Hauptteil des Raums ließe sich dann für ein Sofa und Sitzsäcke nutzen. Aufwändiger, aber originell sind vom Tischler gebaute »Zellen« auf Rollen, die den Bewohnern erlauben, ihren Schlafplatz gelegentlich zu verlagern.

Ganz links und links Die lässige, persönliche Einrichtung der beiden Zimmer zeigt, dass Teenager Räume gemeinsam nutzen können, ohne auf Individualität zu verzichten. Solch eine Lösung klappt aber nur, wenn Geschwister sich gut vertragen und sich über Themen wie Lärm oder Besuch von Freunden einigen. **Gegenüber** Eine verglaste Wand mit Tür ist eine schöne Unterteilung zwischen den Zimmern eines männlichen Teenagers und seiner älteren Schwester. Dünne Vorhänge lassen Licht durch, schützen aber vor Blicken. Wer es moderner mag, könnte satinierte Glasscheiben wählen oder Klarglasscheiben mit Folie bekleben.

WARUM NICHT MAL …

>> Zeichnet Grundrisse der ineinander übergehenden Räume. Dann tauscht sie und entwerft ein Zimmer für euren Bruder oder eure Schwester – mit Stauraum, Farben und Ideen für Muster.

>> Vergebt Pluspunkte für Vorteile wie ein großes Fenster und Minuspunkte für Nachteile wie die Nähe zur Tür. Unterm Strich sollten beide gleiche Punktzahlen erhalten.

Oben Jedes Kind braucht einen eigenen Bereich zum Aufhängen von Karten, Fotos und anderen Erinnerungsstücken.

Rechts Diese Zimmer zweier Mädchen liegen rechts und links einer Tür. Zwischen den Zimmern befindet sich ein kleines, gemeinsam genutztes Bad.

Gegenüber oben und unten Bett und Schreibtisch hat jede der Schwestern für sich, aber den Einbauschrank nutzen sie gemeinsam. Die deckenhohe Spiegeltür kann geschlossen werden, wenn eine von beiden ungestört sein möchte.

»Die Spiegeltür ist praktisch, wenn die Mädchen ihre Ruhe haben wollen. Und wenn Freunde vorbeikommen, bleibt sie einfach offen.« DEBBIE/MUTTER

In einem Loft mit hohen Decken könnte man eine Galerie einbauen. Teenager werden begeistert sein, dort eine Schlafplattform oder einen gemütlichen Sitzplatz in etwas Abstand zu den Eltern beziehen zu dürfen. Liegt die Galerie allerdings über dem Wohnbereich der Familie, wird man für Sicht- und Lärmschutz sorgen müssen. Eine Milchglaswand ist ideal für eine Galerie, denn sie dämmt Lärm und lässt gleichzeitig Tageslicht durch.

Eine Schlafplattform sollte man mit Holzpaneelen umgeben, die Sichtschutz bieten und nachts auch für Dunkelheit sorgen. Ausgeschnittene Öffnungen – gerne in originellen Formen – lassen bei Tag Licht durch und verbessern die Belüftung.

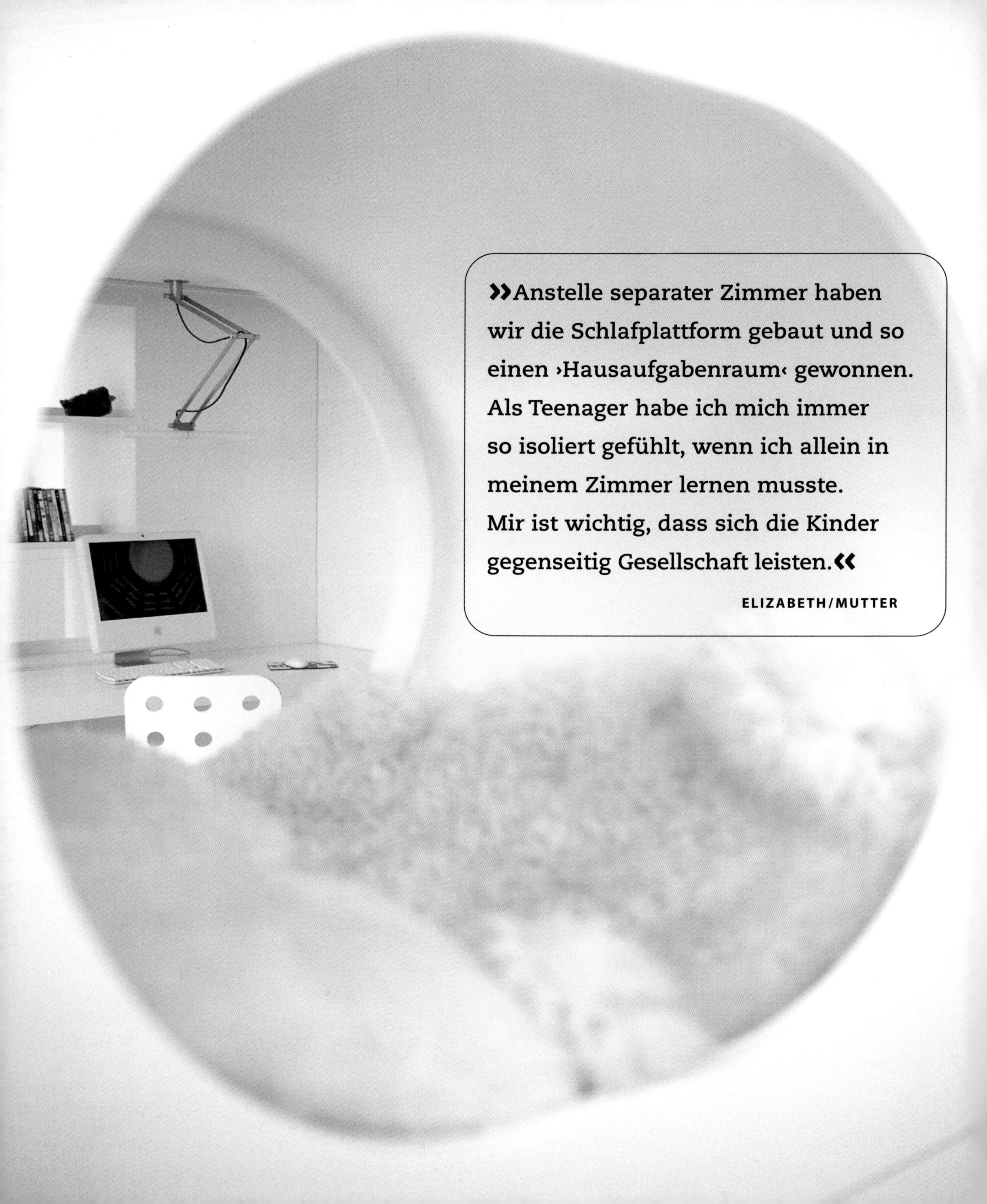

»Anstelle separater Zimmer haben wir die Schlafplattform gebaut und so einen ›Hausaufgabenraum‹ gewonnen. Als Teenager habe ich mich immer so isoliert gefühlt, wenn ich allein in meinem Zimmer lernen musste. Mir ist wichtig, dass sich die Kinder gegenseitig Gesellschaft leisten.«

ELIZABETH/MUTTER

Diese Seite und gegenüber
In dieser ehemaligen Schule wurden die hohen Decken geschickt genutzt. Auf der neu eingebauten Galerie befindet sich die unterteilte Schlafplattform der drei Kinder, darunter liegt ein offener Bereich zum Lernen mit Bullaugen (gegenüber) zur Kommunikation und ruhigen Ecken zum Ausruhen. Kinder mögen Räume in Weiß, wenn sie durch moderne, originelle Details aufgelockert werden, etwa durch Bilder, eine Spiegelkugel oder eine einfallsreiche Beleuchtung.

Oben Wird ein Schlaf- und Arbeitsbereich neu geschaffen, beweisen Sie Humor! Hier führt eine Stange im Stil einer Feuerwache von der Schlafplattform hinab in den Lernbereich.
Oben rechts Gemeinsam lernt und arbeitet es sich einfach besser. Viel beschäftigte Teenager wissen es aber zu schätzen, wenn Arbeits- und Entspannungsbereich getrennt sind.

Die allerbeste Lösung besteht sicherlich darin, Teenagern ein komplettes Geschoss oder einen Teil der Wohnung zu überlassen. So werden Eltern weniger durch Lärm und Besucherverkehr zu familienunfreundlichen Zeiten gestört. Die Kinder erhalten dabei die Gelegenheit, nicht nur ihre eigenen Räume zu gestalten, sondern auch den gemeinsam genutzten Flur oder Treppenabsatz. Das hat den Vorteil, dass die restliche Wohnung elegant und geschmackvoll – im Sinne der Eltern – eingerichtet werden kann. Erreicht man das »Kindergeschoss« über eine Treppe, könnte man den dekorativen Stilwechsel bereits auf den Stufen beginnen lassen, indem man sie beispielsweise in Schwarz und Scharlachrot streicht oder mit verzinktem Blech belegt. Erlauben Sie den Kindern, die Treppenhauswände mit Bildern ihrer Wahl zu dekorieren –

vielleicht mit avantgardistischen Werken aus dem Kunstunterricht oder mit Familienschnappschüssen. Wichtig ist dabei aber eine ansprechende Anordnung. Liegt der Zugang zum Kinderbereich im gleichen Stockwerk wie die übrigen Räume, ist eine deckenhohe Schiebe- oder Falttür als Abgrenzung praktisch. Machen Sie die Tür zum Blickfang. Streichen Sie sie mit Tafelfarbe, damit Sie Nachrichten und Informationen für die Kinder darauf schreiben können. Oder verkleiden Sie sie mit modernem, kühlem Edelstahl.

Der Vorteil eines »Kinderstockwerks« besteht darin, dass zusätzlich zu den eigentlichen Zimmern auch Stauraum zur Verfügung steht. Nutzen Sie jeden Zentimeter. Im Flur könnte man bis unter die Decke Regale und Schränke einbauen, auf dem Treppenabsatz lassen sich Spinde für Sportutensilien unterbringen. Selbst ein winziger Treppenabsatz kann in einen Sitzplatz verwandelt werden. Dazu braucht man nicht mehr als große Bodenkissen oder eine Matratze mit einem witzigen Bezug, dazu Lichterketten oder eine andere stimmungsvolle Beleuchtung sowie einen kleinen Couchtisch. Gerade wenn die eigentlichen Kinderzimmer klein sind, wird der Nachwuchs eine solche »elternfreie« Zone zum Zusammensitzen schätzen.

Oben und rechts Geschwister gleichen Geschlechts, die sich gut vertragen, werden einen gemeinsamen Schlafbereich auf der Galerie mögen. Brusthohe Trennwände geben ausreichend Sichtschutz. Die Beleuchtung erfordert aber Feingefühl. Deckenleuchten, die auch das darunter liegende Stockwerk beleuchten, müssen mit einem Dimmer ausgestattet sein, falls jemand einmal früher schlafen gehen möchte.

3
2
1
JINX

Spiel- und Medienräume

Werden Kinder Teenager, verändert sich fast zwangsläufig die Nutzung der gemeinsamen Wohnräume. Früher genügte eine große Küche, eventuell offen zum Wohnbereich, um beim Kochen die Kinder beaufsichtigen zu können. Jetzt wünscht sich der Nachwuchs einen separaten Bereich, um mit Freunden – oder auch mal mit den Eltern – beisammenzusitzen. Schaffen Sie einen solchen Bereich, denn wenn sich die Kinder nicht mit ihren Freunden in ihre Zimmer verziehen müssen, entsteht insgesamt eine geselligere Atmosphäre im Haus. Und wenn die Kinder wissen, dass Ihr Haus (natürlich mit Grenzen) offen ist, werden sie öfter zu Hause bleiben, als sich an unerfreulichen Orten herumzutreiben. Abgesehen davon macht es Spaß, mit den Kindern zusammenzusitzen, fernzusehen oder eine Partie Billard zu spielen. Nutzen Sie die wenigen Jahre, ehe sie flügge sind.

Hätten Sie gern ein Spielzimmer oder einen Medienraum? Je nach Interessen der Familienmitglieder gibt es auch andere Möglichkeiten, vielleicht einen Übungsraum für Musikbegeisterte oder

»Als Mutter habe ich mit der Zeit begriffen, dass das Zentrum der Familie dort ist, wo der Fernseher steht.« SERA/MUTTER

»Das Familienzimmer ist unser Privatbereich, in dem wir spielen, fernsehen, lesen oder einfach entspannen.« ISABEL/MUTTER

ein Jogazimmer. Besprechen Sie die Wünsche mit der ganzen Familie. Wer PlayStation-begeisterte Söhne hat, wird den Vorteil eines Medienraums kennen: im Wohnzimmer flimmert nicht ständig der Bildschirm. Aber auch Mädchen, die eine lange DVD-Nacht veranstalten, machen es sich vielleicht lieber mit einer Schüssel Popcorn in einem kleinen Fernsehraum gemütlich. Natürlich kann hier dann auch die ganze Familie zusammen fernsehen.

In einem Spielzimmer herrscht mehr Aktivität, darum muss es größer sein. Diese Lösung bietet sich für Eltern an, die fürchten, dass ihre Kinder Couch-Potatoes werden könnten. Mittelpunkt des Raums wird meist ein Spieltisch sein, aber wenn der Platz ausreicht, kann hier auch ein bequemes Sofa, ein Klavier oder ein Computer stehen. Damit Kinder Lust haben, das Spielzimmer regelmäßig zu nutzen, sollten originelle Möbel und peppige Farben für eine freundliche, einladende Atmosphäre sorgen. Schieben Sie ins Spielzimmer nicht Ihre abgenutzten Möbel ab. Gestalten Sie lieber gemeinsam ein Ambiente, das der ganzen Familie gefällt.

Links Wenn der Medienraum nicht genutzt wird, kann eine große Einbau-Schrankwand sehr karg aussehen. Als Gegenpol eignen sich kräftig gemusterte Polsterstoffe und große, auffällige Wanddekorationen.

Unten links Steht der Fernseher sehr niedrig, füllen Sie die Wand darüber mit Einbauschränken oder offenen Regalen aus. Und stehen außer DVDs auch reichlich Bücher bereit, ist nicht ausgeschlossen, dass die Kinder auch zu den Büchern greifen werden!

Gegenüber Die Gestaltung des Medienraums muss nicht viel kosten. Selbst ein aufgemaltes Querstreifenmuster kann sehr eindrucksvoll wirken.

Setzen Sie auf peppige Dekoration! **Gerade ein Medienraum voller Technik verträgt gewagte Farben und moderne Möbel. Wenn Sie normalerweise lieber schlicht und edel wohnen, brechen Sie einmal mit Ihren Gewohnheiten und gestalten Sie diesen Raum als Kontrast. Selbst etwas Kitsch ist erlaubt.**

Die Lage des Spiel- oder Medienraums in der Wohnung ist ebenso wichtig wie Ausstattung und Größe. Es sollte ein Gemeinschaftsraum sein, in dem die Kinder auch einmal laut sein dürfen. Etwas Abstand zu den Schlafräumen und dem Arbeitszimmer ist also nötig. Immer mehr Familien bauen den Keller aus – und Fachbetriebe bestätigen, dass dort unten sehr gern der Spielbereich eingerichtet wird. Ebenso beliebt ist aber ein Spiel- oder Medienzimmer in einem ausgebauten Dachboden (siehe Seite 106–121). Natürlich gibt es noch eine Reihe anderer Möglichkeiten, darum sollten Sie die Aufteilung der gesamten Wohnung durchdenken, ehe Sie eine Entscheidung fällen.

Familien, die in ein neues Haus ziehen, möchten oft einen Großteil der Wohnfläche für eine große Wohnküche mit Sitzecke nutzen und in einem kleineren Zimmer ein »gutes« Wohnzimmer einrichten. So bleibt kein Platz

für ein Spielzimmer. Fragen Sie sich, wie oft Sie das separate Wohnzimmer nutzen! In unserer hektischen Zeit kochen und essen immer mehr Familien recht spät. Man sieht in der Küche fern und beantwortet E-Mails – und sitzt nur im Wohnzimmer, wenn Gäste kommen. Ist die Wohnküche groß genug, um dort ein Sofa aufzustellen? Und können Sie sich vorstellen, es sich dort bequem zu machen? Dann richten Sie statt eines separaten Wohnzimmers lieber ein Spielzimmer ein.

Wer die Aufteilung eines älteren Hauses überdenkt, könnte jetzt ein überflüssiges Kinderzimmer, ein kaum benutztes Esszimmer oder sogar eine im Haus liegende Garage umbauen. Selbst ein winziger, leer stehender Schlafraum kann zum gemütlichen Medienraum werden. Große Fenster und Tageslicht sind gar nicht so wichtig, denn der Medienraum wird vorwiegend abends benutzt werden. Wer ein großes Grundstück hat, könnte auch ein Gartenhaus in Betracht ziehen. Moderne Modelle lassen sich heizen, auch die Stromversorgung ist meist nicht kompliziert. Teenager werden die Unabhängigkeit eines externen Spiel- und Medienraums sicherlich zu schätzen wissen.

Suchen Sie zuerst die Geräte für den Medienraum aus. Der Fernseher wird den Mittelpunkt bilden. Wie viel Geld wollen Sie ausgeben? Erlaubt das Budget einen Plasma- oder LCD-Bildschirm, ein Surround-System und – für ganz Anspruchsvolle – ein integriertes Mediensystem, kommen alle Nutzer auf ihre Kosten. Eine solch aufwändige Technik sollten Sie aber von einem Fachbetrieb installieren lassen. Ist der Kostenrahmen enger gesteckt, gönnen Sie sich einen Flachbildschirm mit Wandbefestigung, um Bodenfläche frei zu halten. Ein konventioneller Fernseher sollte auf einem niedrigen Rollwagen stehen, damit man ihn verschieben kann. Fahrbare Fernseh-Möbel bekommt man für wenig Geld in jedem Möbelmarkt.

Montieren Sie einen Flachbildschirm auf Augenhöhe einer auf dem Sofa sitzenden oder liegenden Person an der Wand. Man könnte ringsherum Einbauschränke vorsehen, in denen weitere Geräte wie DVD-Player und Stereoanlage,

REIZTHEMA/PARTYS
Es macht Spaß, mit Freunden zu feiern. Allerdings haben Eltern und Kinder oft unterschiedliche Vorstellungen von einer Party. Kündige an, wie viele Leute du erwartest, wo ihr euch aufhalten wollt, was ihr essen und trinken wollt und wann das Treffen enden wird. Du bist in gleichem Maß wie deine Eltern dafür zuständig, Alkohol aus dem Verkehr zu ziehen und wertvolle Dinge in Sicherheit zu bringen. Räum nach der Feier auf und mach sauber. Eine einfallsreiche Dekoration muss nicht viel kosten. Girlanden und Papierschlangen sind preiswert, mit Teelichtern lässt sich prima Atmosphäre schaffen, und eine Malerplane eignet sich als coole, unempfindliche Tischdecke.

Gegenüber oben In dieser Loftwohnung wurde mithilfe von Einbauschränken und einer Sitzgruppe eine Medienecke geschaffen. Auffällige Bilder an den Wänden und moderne Möbel gefallen jungen und älteren Benutzern. Dunkle Polstermöbel sehen edel aus und sind praktisch.
Gegenüber unten In einem modernen Medienraum wird der Bildschirm den optischen Mittelpunkt bilden. Wer es weniger technisch mag, könnte einen kleineren Fernseher wählen und mit einem Kamin gemütliche Atmosphäre schaffen.
Rechts Wird der Raum nur von Teenagern genutzt, genügen vielleicht Bodenkissen und Sitzsäcke mit Bezügen aus Kunstfell, Leder oder PVC.

»Wenn man eine offene Küche hat, braucht man einen Ort, an dem man in aller Ruhe einen Film sehen kann.«

HELEN/MUTTER

WARUM NICHT MAL ...

>> Schau dich nach witzigen Extras für den Medienraum um. Eine Popcornmaschine oder ein Kaugummiautomat kosten weniger als ein Paar Turnschuhe. Eine Schüssel mit Lollis genügt aber auch.

>> Fernbedienungen kann man leicht verlegen – es sei denn, man schafft eine Universal-Fernbedienung für alle Geräte an. Das Argument wird auch Eltern überzeugen.

>> Geh auf die Suche nach preiswerter, origineller Beleuchtung. Mit einem LED-Farbwechsler oder einem Mini-Laser lässt sich gut Atmosphäre schaffen, wenn der Film vorüber ist.

aber auch DVDs, CDs und Spielkonsole verschwinden. In einem Medienraum besteht kein Anlass, den Fernseher hinter einem Paneel zu verstecken. Außerdem sehen moderne Fernseher attraktiv aus. Bei den Schrankfronten haben Sie die Wahl zwischen Massivholz oder MDF-Platte, die gestrichen oder mit Stoff bezogen werden kann. Dunkle Farben wie Marine, Braun, Graphit oder Tannengrün sehen besonders atmosphärisch aus.

Die Möbel müssen vor allem bequem sein. Ist der Fernseher an der Wand installiert, empfiehlt sich ein breites, tiefes Sofa ihm gegenüber. Wählen Sie ein Modell mit niedrigen, gepolsterten Armlehnen, auf dem man auch liegen kann, und kombinieren Sie es mit Sitzsäcken oder Bodenkissen für gelegentliche Fernsehgäste. Steht der Fernseher auf einem Eckmöbel oder einem Rollwagen, ist eine L-förmige Sitzanordnung ideal. Sitzelemente oder zwei Sofas bieten sich in diesem Fall an.

Oben Lassen Sie die Kinder bei der Einrichtung mitreden. Sie haben einen Blick für Sitzmöbel, auf denen man bequem herumlümmeln kann. Sitzelemente sind sehr praktisch.

Gegenüber Einen Computerraum braucht man heutzutage kaum noch, denn einen Laptop kann man überall aufstellen.

»Seitdem meine Kinder Teens sind, bin auch ich erwachsen geworden. Jetzt fühle ich mich manchmal wie in einer WG mit lauter unordentlichen Studenten.«

SERA/MUTTER

Links und gegenüber In dem neu gebauten Haus einer Familie mit vier Kindern im Teenageralter wurde in einem hohen Raum eine Kletterwand eingerichtet. Wer ein solches Vorhaben plant, sollte immer einen Fachbetrieb zu Rate ziehen. Dieses Spielzimmer ist so geräumig, dass verschiedene Aktivitäten gleichzeitig stattfinden können. So werden sich die Kinder seltener in ihren Zimmern verkriechen.
Unten Planen Sie möglichst einen Ruhebereich zum Plaudern und Musikhören ein. Teenager mögen originelle und witzige Sitzmöbel wie zum Beispiel diese Korbstühle.

Denken Sie an niedrige Beistelltische für Getränke und Knabbereien. Weitere Möbel sind kaum nötig. Einbauregale für Bücher wären noch denkbar, ansonsten sollte dieser Raum aber ausschließlich zum Fernsehen dienen.

Die Beleuchtung muss gut durchdacht sein. Rollos, dicke Vorhänge, Jalousien oder Fensterläden dunkeln den Raum bei Bedarf tagsüber ab. Helles Deckenlicht ist überflüssig, wählen Sie stattdessen Leuchten, die stimmungsvolles Licht geben. Man könnte moderne Wandleuchten mit trendigen Lichterketten oder LED-Farbwechsler-Leuchten kombinieren. Auch eine Leuchtschrift im Kino-Stil wäre sehr stilvoll.

Ein Fernsehraum ist eine Entspannungszone. Setzen Sie auf gemütliche, einladende Oberflächen. Praktischer als harte, glänzende Flächen sind weiche Materialien, die Geräusche dämmen. Für Polsterbezüge empfehlen sich Chenille, Samt, Cord oder Prägevelours. Wählen Sie unempfindliche, dunkle Farben, die nicht gleich ruiniert sind, wenn jemand ein Getränk verschüttet. Im Fernsehraum sollten Sie sich dicke Auslegeware oder einen weichen Teppich gönnen, auf dem man liegen kann. Teenager lieben Flokatis im 1970er-Jahre-Stil. Legen Sie einige weiche Wolldecken

Links Das offene Poolhaus hat ein Obergeschoss mit Schlafräumen und einem Bad – sehr praktisch, um jugendliche Gäste nach einer Party einzuquartieren. Die Möbel sind preiswert und praktisch, ein Kratzer oder Fleck wäre keine Katastrophe. **Gegenüber** Planen Sie die Gestaltung gemeinsam. Ein großes, gemaltes Motiv auf dem Boden oder an der Wand kann sehr individuell und witzig aussehen.

bereit – aber achten Sie auf »Jungstauglichkeit« und lassen Sie die Kaschmirdecke lieber im Schlafzimmer. Mit Stoff bespannte Wände sind ein Plus für die Gemütlichkeit. Sackleinen, Wolle und Filz sind in vielen Farben erhältlich. Wildleder ist edel, aber auch teuer.

Das Herzstück eines Spielzimmers bildet der Spieltisch. Schon darum darf der Raum nicht zu klein sein. Teenager begeistern sich für Billard oder Tischtennis, auch Tischfußball steht hoch im Kurs.

Informieren Sie im Internet sich über die Größen der Tische. Tischtennisplatten sind in der Regel 1,525 Meter breit und 2,74 Meter lang, und fast alle lassen sich zusammenklappen. Billardtische sind zwischen 1,20 und 2,70 Meter lang, allerdings braucht man ringsherum reichlich Platz, deshalb sollte ein Billardzimmer mindestens 3 Meter länger und breiter als der Tisch sein. Ist das Zimmer kleiner, könnten Sie kürzere Queues kaufen. Billardtische gibt es mit Korpus

»Das Poolhaus hat Ferienatmosphäre. Hier kann man super Pingpong spielen oder feiern. Unsere Freunde finden toll, dass es so vielseitig ist.«

TUCKER, BO UND GIBSON/ 17, 15 UND 13 JAHRE

Ein Sofa oder ein paar weiche Sessel werten jedes Spielzimmer auf. Aber laden Sie hier nicht die alten Möbel ab, die Sie in der Wohnung nicht mehr haben möchten!

aus Holzfurnier, farbig lackiert oder mit Aluminium verkleidet. Der Stoffbelag ist in verschiedenen Farben erhältlich.

Genug Stauraum, um alles Zubehör aufgeräumt zu verwahren, ist wichtig. Billard-Queues können an der Wand aufgehängt werden, während Tischtennisbälle, -schläger und -netze in Körben oder Kästen auf Regalen oder in Schränken gut untergebracht sind.

Aufbewahrungsmöbel dürfen ruhig etwas unkonventionell sein – wie wäre ein altes Sideboard, in einer schrillen Farbe gestrichen, oder eine Truhe, auf der man auch sitzen kann? In einer Nische könnte man Regale einbauen und davor einen witzig-kischigen Plastikperlenvorhang anbringen. Im Spielzimmer könnten auch Brettspiele, CDs und eine Musikanlage oder Musikinstrumente aufbewahrt werden. Ein Sofa oder Sessel, auf dem Eltern, Kinder und Besucher es sich bequem machen können, darf ebenfalls nicht fehlen. Unter einer Tischtennisplatte muss ein griffiger Boden verlegt werden, etwa aus Vinyl oder Gummi. Wählen Sie eine fröhliche Dekoration mit lebhaften Farben. Extras wie eine aufgemöbelte Jukebox (teuer, aber originell) oder ein Kühlschrank im Retro-Stil stehen bei Teenagern hoch im Kurs.

Oben und oben rechts Wenn Platz und Portemonnaie es zulassen, ist ein Swimmingpool ein großartiger Rückzugsort für junge und erwachsene Familienmitglieder. Ein Pool im Freien lädt im Sommer zum Baden und Sonnen ein, während ein überdachtes Becken ganzjährig genutzt werden kann.

Gegenüber In einem großen Garten lohnt es sich, einen Entspannungsbereich an der frischen Luft zu schaffen. Es gibt viele Firmen, die Pavillons, Lauben, Schuppen und andere Gartengebäude als Bausatz anbieten. Solch ein »Freisitz« wird auch von gestressten Eltern ab und zu gern genutzt.

WARUM NICHT MAL …

>> Restauriere das Baumhaus aus Kindertagen. Im Sommer kannst du es dir dort mit Freunden bequem machen. Kissen mit robusten Baumwollbezügen sind für wenig Geld zu bekommen.

>> Überrede deine Eltern, eine Hängematte anzuschaffen, und hänge sie in einer ruhigen Gartenecke auf.

>> Baue einen alten Schuppen zum Sommerhaus um! Einfach die Innenwände streichen und Regiestühle aufstellen – fertig!

COLD COMFORT
SUSANNAH WATERS
Speak Right On
sweetness in the belly

Dach und Keller

Dach- und Kellerräume haben ihren besonderen Charme. Ganz oben oder tief unten im Haus hat man seine Ruhe und kann Abstand zum quirligen Familienleben gewinnen. Dachboden und Keller sind keine Bereiche, durch die andere Familienmitglieder laufen – hierher muss man gezielt gehen wollen. Vor allem ausgebaute Dachböden entwickeln sich oft zum Ruhebereich. Ein separater Bereich für die Teenager hat für alle Beteiligten Vorteile. Eltern müssen Unordnung nicht sehen und Lärm nicht hören, und die Jugendlichen genießen die Unabhängigkeit. Ältere, fast erwachsene Kinder werden einen Souterrainraum mit eigenem Eingang zu schätzen wissen.

Ganz einfach ist es aber nicht, den Teens das Dach- oder Kellergeschoss zu überlassen. Wenn Kinder größer werden, brauchen sie mehr Platz und mehr Privatsphäre. Dann kann es nötig sein, die Prioritäten neu zu bedenken. Soll ein Raum nagelneu ausgebaut werden, möchten Sie als Eltern

»Unser Dachgeschoss ist das Spielzimmer für die Kinder. Dort sehen sie sich Filme und Sportübertragungen an oder surfen im Internet.«

LUC/VATER

»Mein Schlafzimmer ist mein Himmel – ganz oben im Haus, fast wie ein schwebendes Zimmer. Vielleicht ahnt mein Papa gar nicht, was für einen tollen Raum er ausgebaut hat. Perfekt für einen Teenager.«

PHOEBE/17 JAHRE

vielleicht Vortritt genießen. Brauchen Sie ein neues Arbeitszimmer oder ein Elternschlafzimmer mit angrenzendem Bad? Nur Sie selbst können entscheiden, worauf Sie verzichten mögen. Denken Sie aber daran, dass es keine zehn Jahre dauern wird, bis die Kinder erwachsen sind und Sie sich nach Herzenslust im Haus ausbreiten können.

Ein Dachboden- oder Kellerausbau (oder beides) mag nach Aufwand klingen, aber rechnen Sie einmal genau nach. Wägen Sie die Kosten gegen die Wertsteigerung des Hauses ab. Wenn Sie diese schlecht einschätzen können, fragen Sie einmal einen Makler. Er wird Ihnen sagen können, ob der Raumgewinn sich in Ihrem Wohngebiet letztlich auszahlt.

Wenn Sie noch Familienzuwachs planen, ist ein Ausbau fast immer günstiger als ein Umzug mit all seinen Nebenkosten. Je eher Sie eine solche Entscheidung fällen, desto größer wird der Nutzen der Umbau-Investition sein.

Gegenüber In diesem Haus gehört den Jugendlichen der ganze Dachboden. Hier können sie vor dem Computer hocken, Freunde über Nacht einladen, fernsehen und lesen. Wände und Fußboden bestehen aus Holz – mehr Dekoration ist nicht nötig. Und an den Balken lassen sich wunderbar Hängematten und Trainingsgeräte aufhängen.

Rechts Liegt der Spielbereich auf dem Dachboden, haben die Eltern Spielkonsolen, DVDs und andere weniger hübsche Habseligkeiten des Nachwuchses nicht vor Augen. **Unten** Eine Schlafnische mit Schiebetür – geschützt und gemütlich wie ein Alkoven.

Setzen Sie auf Unabhängigkeit.

Wenn irgendwie möglich, sollte Dach- oder Kellergeschoss mit einem Bad, mindestens aber WC und Waschbecken ausgestattet sein. Unter die Dachschräge passt auch eine Badewanne. Sind WC, Waschbecken, Handtuchhalter und Heizung an der Wand montiert, wirkt der Raum größer.

Der Entschluss zum Ausbau von Dachboden oder Keller ist noch der einfachste Schritt. Baugenehmigung, Planungszeichnungen und Koordination der Ausführung sind schon schwieriger. Es hat einige Vorteile, Planung und Aufteilung des neuen Raums einem Architekten zu überlassen. Als Fachmann wird er das ganze Haus in die Überlegungen einbeziehen, kreative Ideen zur Raumnutzung vorschlagen und umsetzbare Grundrisslösungen finden. Natürlich bringt er auch Erfahrung im Umgang mit Behörden und Genehmigungsverfahren sowie in der Bauleitung mit. Wer ein knapperes Budget hat, kann beim Architekten Zeichnungen und die Beschaffung von Genehmigungen in Auftrag geben und sich um den Rest selbst kümmern.

Ebenso wäre denkbar, einen Fachbetrieb für Innenausbau zu engagieren. Diese Firmen verfügen oft über reichlich einschlägige Erfahrung und bieten häufig auch die Mög-

lichkeit, frühere Ausbauprojekte zu besichtigen, damit Sie eine klarere Vorstellung gewinnen. Zudem bieten solche Fachbetriebe »Paketlösungen« an, die auch Bauingenieur-Leistungen sowie die Koordination verschiedener Gewerke einschließen. Falls Ihr direkter Nachbar ein ähnliches Projekt plant, sollten Sie überlegen, die Bauarbeiten gemeinsam anzugehen, um Störungen und Aufwand gering zu halten.

Entscheiden Sie frühzeitig, wie der Raum genutzt werden soll, und wägen Sie Vor- und Nachteile ab. Es mag nahe liegen, Teenager-Zimmer mit gemeinsamem Bad auf dem Dachboden einzubauen. Liegt Ihr Schlafzimmer im Stockwerk darunter, kann die Unruhe durch das Kommen und Gehen von Freunden aber recht lästig werden. Vielleicht möchten Sie sich unter dem Dach doch lieber ein Refugium mit Zen-Ruhe schaffen? Möglich wäre auch, den Dachboden zum Entspannungs- und Spielbereich für die gesamte Familie herzurichten.

»Mir gefallen die hell gestrichenen Wände und mein Schreibtisch. Und mein großes Bett mag ich besonders gern.«

FLORENCE/17 JAHRE

Links Dachschrägen und niedrige Wände können reizvoll aussehen. Spielen Sie ruhig mit diesen Proportionen. Durch den riesigen Buchstaben über der Tür wirkt der Raum höher. Planen Sie möglichst Einbauschränke unter den Schrägen ein. Werden sie in der Farbe der Wände gestrichen, fallen sie kaum auf, und mit Spiegeltüren verbessern sie die Lichtqualität und lassen den Raum größer wirken.

Unten links Keine Angst vor großen Möbeln in Dachbodenräumen. Das Doppelbett unter der Schräge wirkt ungemein gemütlich.

Oben rechts und gegenüber Niedrige Wände und merkwürdige Winkel machen es schwierig, normale Schränke zu stellen. Stauraum lässt sich aber auch mit offenen Regalen, Truhen, niedrigen Kommoden oder Spinden schaffen.

Ein entscheidender Aspekt ist die Größe des Raums. Wird nur ein kleiner, gemütlicher Schlafraum mit Duschbad gebraucht, genügt ein Spitzboden mit Dachflächenfenster. Sollen mehrere Zimmer und ein Bad entstehen, muss der Raum größer sein und es werden Gauben erforderlich werden. Ein bis zum First offener Dachbodenraum mit sichtbaren Balken sieht originell und behaglich aus, verursacht aber erheblich mehr Heizkosten als ein Raum mit konventioneller Decke. Achten Sie darauf, dass die Fenster ausreichend Licht einlassen. Die Fensterfläche sollte etwa 10 bis 20 Prozent der gesamten Fußbodenfläche entsprechen.

Weil Dachbodenräume oft ungewöhnliche Winkel haben, kann es Spaß machen, mit den ungewöhnlichen Proportionen zu spielen. Statt konventionelle Möbel hineinzuzwängen, sollten Sie lieber auf Einbaumöbel und an den Wänden montierte Elemente setzen. Denkbar wäre ein Hochbett unter einer schrägen Wand, eine klappbare Schreibplatte oder praktische, nach Maß eingebaute Schränke unter der Dachschräge. Maßgetischlerte Einbauten sind teurer als Möbel von der Stange, dafür nutzen sie aber jeden Zentimeter gut aus. Schränke in Nischen und Abseiten sollten mit Regalen ausgestattet sein, auf denen man Kleinigkeiten in Körben und Kästen verstauen kann. So gibt es keine Ausreden für Unordnung. Ein Dachboden für Teenager darf ruhig experimentell dekoriert werden. Da er ganz oben im Haus liegt, kann er ganz anders aussehen als die restliche Wohnung. Geben Sie den Kindern freie Hand!

WARUM NICHT MAL …

>> Eine Dachschräge kann mit einem dunklen Anstrich – etwa in Tintenblau, Bronze oder sogar Schwarz – sehr stimmungsvoll wirken. Besonders dramatisch dazu: chinesische Lampions, ein LED-Sternenhimmel oder ein Kronleuchter.

>> Wenn du die Dachschräge mit großen Weltkarten tapezierst, kannst du im Bett Reisepläne schmieden. Auch Poster können dekorativ sein. Kauf dein Lieblingsmotiv gleich mehrfach und beklebe eine ganze Wand im Warhol-Stil.

HARRY POTTER

Mit Stoff bespannte Wände machen sich besonders gut. Ist eine Unterlattung vorhanden, kann der Stoff einfach aufgespannt und mit dem Tacker befestigt werden. Perfekt muss die Passform nicht sein. Mit Leopardenimitat oder Futtertaft lässt sich Boudoir-Atmosphäre schaffen, Tarnstoff ist bei Jungs beliebt, und Künstlerleinwand kann eigenhändig bemalt werden.

Der Fußboden darf schlicht sein. Gestrichene Dielen genügen, Auslegware sorgt jedoch für bessere Geräuschdämmung.

Ein Kellerraum sollte eine Deckenhöhe von mindestens 2,5 Metern haben und nach dem Ausbau nicht grund-

Gegenüber Dachschrägen, Sichtbalken und Rohre sind typisch für Dachböden und machen einen Teil ihres Charmes aus. Statt sie zu verstecken, sollte man sie betonen. Das Edelstahl-Kaminrohr in diesem Mädchenzimmer wirkt wie ein Designer-Accessoire. Dachbodenräume können im Winter kalt und im Sommer stickig sein, wenn Heizung und Lüftung nicht gut abgestimmt sind. Für Dachfenster empfehlen sich Abdunklungsrollos mit isolierender Aluminiumbeschichtung.

Rechts Nach Maß gebaute Schränke nutzen jeden Zentimeter. Im Idealfall sollten Stangen zum Hängen, Schubladen, kleinere Fächer mit Klapptüren und offene Regale vorhanden sein.

WARUM NICHT MAL ...

>> Reicht die Höhe nicht für einen Kleiderschrank aus, so könnte an einer Wand ein Regal stehen. Händler für Gewerbebedarf bieten stabile, preiswerte Regale, Schränke und Arbeitstische aus Stahl an.

>> Obstkisten vom Wochenmarkt kannst du streichen und als Regal an einer Wand befestigen.

TOMY
NE SAIS
SAT 19TH FEBRUARY VIBE BAR 91 BRICK LANE E1
GUESTS: DJ ADNI (ST LOUIS USA) AND GEORGIA GIRL
F. MCQUINN AND SIMBAD AKA MARATHON MEN
$ 3.50 8PM TILL 2AM
QUALITY BOOTY MUSIC
KISS ME KATE
Polanski with the best of Twists

BOYS ARE STUPID,
THROW ROCKS AT THEM!
EVERYONE'S TALKING ABOUT...
YR 11 MUCK UP DAY
GREETINGS FROM

legend anders als die übrigen Wohnräume wirken. Ein oder mehr Lichtschächte stellen sicher, dass Tageslicht hineinfällt. Dennoch sind unterirdische Räume immer etwas dunkler. Das heißt, dass die Beleuchtung gut durchdacht sein muss. Zur Raumausleuchtung empfehlen sich Halogen-Deckenstrahler. Dazu sollten Stimmungs- und Arbeitslicht vorhanden sein. Sehr wichtig ist eine gute Belüftung. Bauen Sie möglichst eine Terrassentür ein, die sich zu einem Lichtschacht öffnet. Selbst wenn der Außenbereich winzig ist, kann er mit einer schönen Dekoration oder einer Außenlichterkette attraktiv gestaltet werden. Im Sommer kann ein elektrischer Deckenventilator in Kellerräumen angenehm sein.

Überlegen Sie gründlich, wie ein Kellerraum genutzt werden soll. Einen großen Raum könnte man zum Familien- und Medienzimmer erklären und nebenan eine Waschküche, eine zusätzliche Dusche und ein WC einrichten. Überlegen Sie sich aber die Konsequenzen: Wahrscheinlich werden die Kinder Abend für Abend im Keller verschwin-

»Gut, dass mein Zimmer so abgelegen ist … im Keller kann ich laute Musik hören, ohne jemanden zu stören.«

TUCKER/17 JAHRE

Gegenüber oben links In einem Teenagerzimmer im Keller sehen rohe Backsteinwände cool aus. Möbel im Industriestil, niedrige Sessel und ein dunkler Bodenbelag passen dazu ausgezeichnet. Kellerräume sind dunkler, aber im Sommer nicht unbedingt kühl, darum müssen die Fenster zu öffnen sein. Ein Deckenventilator kann ebenfalls gute Dienste leisten. Rundbogen-Nischen können attraktiv aussehen – beispielsweise mit einem frei stehenden Schrank. In eine größere Nische könnte man sogar eine Dusche oder ein Waschbecken einbauen.
Gegenüber unten Manche Keller sind in mehrere kleine Räume aufgeteilt. Hier entstand im Flur neben einem Schlafraum ein kompakter Spielbereich. Nebenan liegt ein kleines Bad.
Unten Halogen-Deckenstrahler und verschiedene andere Leuchten sorgen dafür, dass der Keller an düsteren Tagen hell genug ist.

REIZTHEMA/VERANTWORTUNG

Ein Teenagerzimmer unter dem Dach oder im Keller vermittelt Unabhängigkeit – vor allem, wenn es das einzige Zimmer ist. Du bist dann aber auch allein für die Sicherheit verantwortlich. Ehe du aus dem Haus gehst, ist einiges zu erledigen: Fenster schließen (oder um abschließbare Fenstergriffe bitten, damit sie gekippt bleiben können), Kerzen auspusten und Elektrogeräte ausschalten. Um Energie zu sparen, lass Fernseher, Computer & Co. nicht auf Stand-by laufen, sondern schalte sie nachts immer ganz aus. Wenn du gelegentlich in deinem Zimmer isst, bring schmutziges Geschirr in die Küche und leere den Mülleimer regelmäßig. Sonst riecht dein Zimmer unangenehm und wird letztlich ein Gesundheitsrisiko.

Oben Ein ausgebauter Keller raum bietet sich als Medienzimmer an, weil der Tageslichtmangel nicht stört und weil Geräusche kaum in die Räume der höheren Geschosse dringen. Den ausgebauten Keller kann die ganze Familie nutzen, etwa zum Üben auf Musikinstrumenten oder als Trainingsraum.

den und sich nur zur Nahrungsaufnahme in der Küche sehen lassen. Alternativ könnten Sie im Keller mehrere kleine Schlafräume für die Kinder einrichten und dadurch mehr Fläche für einen hellen, freundlichen Wohnraum im Erdgeschoss gewinnen. So wird man die Kinder öfter im Gemeinschaftsbereich antreffen, weil sie sich nur zum Schlafen in den Keller zurückziehen. Auch für Kinder, die zwischen zwei Haushalten pendeln, ist diese Lösung praktisch.

Statt gegen die relative Dunkelheit eines Kellerraums anzukämpfen, sollten Sie kreative Lösungen suchen. Ein weißer Anstrich macht einen Raum nicht zwangsläufig heller – aber dunkle, satte Farben lassen ihn gemütlich wirken. Sie können die Kelleratmosphäre durch eine moderne Wandgestaltung wie polierten Verputz betonen oder Wände und Boden mit Hochglanzfarben streichen. Rot und Blau eignen sich dafür besonders gut. Interessant

wirkt auch eine Tapete mit großem Muster, vielleicht ein Damastmuster oder ein Pflanzenmotiv in einer Farbkombination, die Teenager anspricht. In einem Schlafraum schafft eine verspiegelte Wand schöne Lichteffekte. Wer mag, könnte auch die Decke mit Spiegelmosaik verkleiden.

Widmen Sie der Treppe, die zu den neuen Räumen auf dem Dachboden oder im Keller führt, ein paar kreative Gedanken. Für ein Teenager-Schlafzimmer wäre eine fest an der Wand montierte Leiter aus Stahl und Holz denkbar.

Wenn man die Kellertreppe nicht von der Wohnung aus sieht, sind auch dort unkonventionelle Experimente denkbar. Vielleicht gefällt Ihnen eine frei tragende Treppe mit Stahlrahmen und Glasstufen, einem Geländer mit LED-Beleuchtung oder Wandstrahlern auf Knöchelhöhe?

Oben Wenn ein entsprechendes Budget zur Verfügung steht, kann auch ein Schwimmbecken oder ein Fitnessraum im Keller eine perfekte Lösung sein. Liegen laden zum Entspannen ein, und eine Sauna oder Dampfkabine tut der ganzen Familie gut. Denken Sie schon beim Ausbau des Kellers an Deckenlautsprecher – ideal für jede Pool-Party!

Einliegerwohnungen

Mit dem Schulabschluss beginnt für Kinder und Eltern eine Phase größerer Unabhängigkeit. Wenn Kinder ein Internat besuchen oder zwischen zwei Elternteilen pendeln, beginnt die Ablösung oft schon früher. Ältere Kinder, die studieren, kommen meist nur in den Ferien nach Hause. Vielleicht leben auch Stiefkinder gelegentlich bei Ihnen. Viele junge Leute bleiben aber weit über ihren zwanzigsten Geburtstag hinaus zu Hause wohnen. Die Mieten sind hoch, manchmal müssen auch Studiendarlehen zurückgezahlt werden – da bleibt oft keine andere Wahl als im Elternhaus zu wohnen. Das kann für beide Seiten hart sein, denn es ist nicht leicht, sein Haus mit unabhängigen jungen Erwachsenen zu teilen.

Wenn diese Veränderungen anstehen, sollten Sie Ihre Räumlichkeiten bewusst und gezielt unter die Lupe nehmen. Wenn es möglich ist, jung-erwachsenen Kindern einen unabhängigen Bereich zur Verfügung zu stellen, wird das Leben für alle entspannter. Manchmal genügt es, das Obergeschoss oder

»Als unsere Tochter erwachsen wurde, wollten wir einen halb-unabhängigen Bereich schaffen. So kann sie für sich sein und hat doch noch Kontakt zu den Eltern.«

GEOFF/VATER

»Für uns ist es schön, dass die Kinder oben wohnen und wir unten. Wenn ihre Freunde vorbeikommen, stört uns das nicht.«

JILLIAN/MUTTER

einen anderen Teil der Wohnung durch eine abschließbare Tür abzuteilen. Sinnvoll ist, eine kleine Küche einzubauen und eine – wenigstens symbolische – Miete zu vereinbaren. Handeln Sie gemeinsam eine gangbare Lösung aus. Jüngere Kinder reagieren manchmal auf diese Sonderstellung des älteren Geschwisters eifersüchtig. Vielleicht könnten Sie ihnen ein besonderes Privileg einräumen?

Bedenken Sie auch die langfristigen Konsequenzen. Wenn Sie es Ihren Kindern zu bequem machen, lernen sie nicht, auf eigenen Füßen zu stehen und für sich selbst zu sorgen. Die Investition kann sich aber auch lohnen. Falls Sie mehrere Kinder haben, könnte jedes eine Zeit lang die Einliegerwohnung nutzen, nachdem ein älteres Geschwister bereits flügge ist. Und später kann die Wohnung für ein älteres Familienmitglied oder für Gäste genutzt werden. In unserer Gesellschaft ist es oft schwierig, ein Familiengefühl aufrechtzuerhalten. Wenn Sie für ältere Kinder einen unabhängigen Bereich einrichten, werden Sie sie möglicherweise häufiger sehen, als Sie erwarten.

Diese Seite und gegenüber Dieses kompakte, geschickt aufgeteilte Appartement ist von einer offenen Loftwohnung durch eine Schiebetür abgetrennt. Das offene Bad liegt nur eine Stufe höher als der Wohnbereich. Hinter der Schiebetür befinden sich Küche und Wohnbereich für die ganze Familie. Die hohen Einbauschränke schaffen einen privaten, separaten Bereich. Weil sie aber nicht bis zur Decke reichen, lassen sie genügend Tageslicht durch.

Nächste Seite Die Einbauschränke bieten auf einer Seite reichlich Stauraum, während sie auf der anderen Seite einen Flur bilden, der an beiden Enden durch eine Tür abgeschlossen ist. Der Flur führt zum WC.

Unabhängig zu wohnen kann für Kinder verschiedene Bedeutung haben. Manchen ist die abschließbare Tür am wichtigsten. Andere schätzen eine eigene Kochgelegenheit, die sie nutzen können, wann es ihnen passt. Fragen Sie Ihre Kinder nach den Prioritäten und helfen Sie dabei, die Einliegerwohnung entsprechend auszustatten.

Der Typ Ihres Hauses entscheidet, wie eine Einliegerwohnung beschaffen sein kann. Sind in Keller oder Dachboden schon Zimmer und ein Bad ausgebaut, könnte man leicht einen Schritt weiter gehen. Es genügt, eine kleine Küche einzubauen und ein Zimmer zum Wohnbereich zu erklären, um ein komplettes Appartement zu schaffen, ausgebaut und mit einem Bad ausgestattet. Ist nur ein großer Raum vorhanden – etwa ein nicht mehr genutzter Spielbereich –, lässt er sich vielleicht durch Schiebetüren in Funktionsbereiche gliedern. Eventuell befindet sich auch eine Garage im Haus, die zum Wohnraum »umgenutzt« werden könnte.

Für Teenager spielt vor allem eine Rolle, ein ganz »eigenes Reich« zu haben. Raumgröße und Ausgestaltung sind eher zweitrangig. Behalten Sie sich deshalb in Budget- und Raumaufteilungsfragen das Entscheidungsrecht vor. In planerischer Hinsicht ist es ratsam, wenn die Einlieger-

wohnung von der Hauptwohnung aus zugänglich ist. Andernfalls könnte sie als separate Wohnung eingestuft werden, was unter Umständen eine Genehmigung für den Umbau erforderlich macht. Im Zweifelsfall sollten Sie sich bei den zuständigen Behörden erkundigen.

Selbst in einem einzigen Raum lässt sich eine Einliegerwohnung im Studio-Stil schaffen. Wenn kein separates Bad vorhanden ist, sollte wenigstens ein Waschbecken eingebaut werden. Es gibt viele attraktive Waschtische, zudem kann ein Paravent oder Schrank die Waschecke abteilen. Selbst in einer Nische, vielleicht hinter einem Perlenvorhang, könnte man ein Waschbecken unterbringen. Ein junger Mann findet vielleicht eine Edelstahlschüssel im Industriestil oder eine »Butler-Spüle« aus Keramik toll,

»Es gibt keine Mauern, die diesen Bereich von der restlichen Wohnung abtrennen. Ich finde es immer seltsam, wenn ich bei Freunden bin und sie in ›ihr Zimmer‹ gehen.«

LUNA/13 JAHRE

WARUM NICHT MAL …

>> Mit etwas Farbe wirkt ein schlichter Raum viel interessanter. Ein breiter Streifen unten auf der Wand sieht aus wie eine Fußleiste. Streichst du die Decke dunkler als die Wände, brauchst du keine Deckenleiste.

>> Sehr edel sieht es aus, wenn du drei abgestimmte Farben wählst und konsequent dabei bleibst – ausgenommen ein oder zwei Akzente in auffälligen Kontrastfarben.

»Weiß ist schön für leere Räume mit Zen-Strenge. Aber so lebt unsere Familie nun einmal nicht.« ETIENNE/VATER

während einer jungen Frauen ein zierliches Holztischchen mit einer Porzellan-Waschschüssel und Handtuchstangen gefallen könnte.

Eine Kochgelegenheit, und sei sie noch so spartanisch, schafft enorme Unabhängigkeit. Wie möchte der Nachwuchs es mit der Versorgung halten? Wird er oder sie weiterhin an den Familienmahlzeiten teilnehmen, genügt eine Minimalausstattung mit Wasserkocher, Mikrowelle, Kühlschrank und Spüle. Der Kochbereich sollte so konzipiert sein, dass er sich leicht sauber halten lässt. Denken Sie auch an einen großen Mülleimer! Im Internet findet man zahlreiche Firmen, die spezielle Mini-Küchen für kleine Wohnungen anbieten. Praktisch ist beispielsweise eine an der Wand montierte Edelstahl-Arbeitsplatte mit integrierter Spüle. Darüber und darunter bleibt Platz für Regale und Schrankelemente. Auch im Gastronomiebedarf bekommt man hygienische Edelstahlplatten, die man mit einer kleinen Keramikspüle kombinieren könnte.

Ist Ihr Kind Selbstversorger, sollte die Arbeitsfläche etwas größer sein. Eine Spülmaschine hilft, Ordnung und Sauberkeit zu halten. Fachbetriebe bieten pfiffige Kompaktküchen an, in denen alle Elemente – Mikrowelle, Grill, Kochfeld und Spüle – hinter Schranktüren aus Holz oder Metall verschwinden können, wenn sie nicht benutzt werden. Viele Küchengeräte werden auch in schmaleren Versionen für kleine Räume angeboten. Ist der Raum im Loftstil eingerichtet, gefällt dem jungen Bewohner vielleicht auch eine schmale Kücheninsel mit Spüle, Herd und Arbeits-

Oben links Junge Erwachsene brauchen ein Doppelbett. Der Schlafplatz sollte klar abgegrenzt, schlicht, lässig und ruhig eingerichtet sein.
Rechts und unten rechts Im Handy-Zeitalter haben Teenager vielleicht Spaß an einem altmodischen Telefon.
Gegenüber Ein einziger Raum kann wie ein Appartement wirken, wenn er gut aufgeteilt und eingerichtet ist. Dann geht es sogar ohne Küche und Bad. »Erwachsener« wirkt die Einrichtung, wenn es neben dem Schlafplatz einen Sitzbereich gibt, beispielsweise eine Liege, die mit Kissen und einer langen Rolle als Rückenlehne aufgemöbelt ist.
Gegenüber oben rechts Für einen Flur im Miniaturformat genügt ein Stuhl oder eine schmale Konsole für Tasche und Schlüssel.

Oben links Ein billiges Sofa vom Trödler wird mit einer Batikdecke oder einem alten Quilt wieder vorzeigbar.

Links und oben rechts Eine separate »Teenager-Wohnung« sollte Stil und Geschmack des Bewohners widerspiegeln.

Ganz links Ein Hocker im Retro-Stil wird bei Bedarf als Sitzgelegenheit herangezogen.

Gegenüber Doppeltüren teilen das Appartement einer jungen Frau vom Loft der Eltern ab. Sie benutzt Küche und Bad der Eltern, hat aber einen eigenen Eingang. Wände in knalligem Pink und ein bunter Möbelmix vom Flohmarkt schaffen eine junge, trendige Atmosphäre.

Andy Warhol The Museum of Modern Art, New York

Links Ein langer Flur mit praktischen Einbauschränken führt von der Familienwohnung zum Schlaf- und Badezimmer einer jungen Frau. Mit den zarten Pastelltönen und den eleganten Spiegeln ist das Badezimmer stilvoll und edel eingerichtet.

Gegenüber links Ein älteres Kind, das vielleicht nach dem Studium wieder zu Hause lebt, braucht einen ruhigen Arbeitsplatz und einen Platz, um mit Freunden zu plaudern. **Gegenüber rechts** Ältere Kinder wissen ein »erwachsenes« Ambiente mit guter Beleuchtung und schöner Bettwäsche durchaus zu schätzen.

fläche. Natürlich können Sie auch verschiedene Elemente kunterbunt kombinieren. Denken Sie in jedem Fall an gute Lüftung und bringen Sie Rauchmelder an.

Selbst in einem Mini-Appartement braucht man einen gemütlichen Platz zum Sitzen und Essen, schließlich isst niemand gern dauernd im Bett. In Möbelmärkten findet man viele Klapptische und -stühle zu vertretbaren Preisen. Schaffen Sie ein paar Stühle mehr an, damit auch einmal Besuch kommen kann. Auch Gartenmöbel können pfiffig aussehen. Klappstühle kann man an stabilen Haken an die Wand hängen, in einem Einbauschrank oder unter dem Bett verstauen. Ein kleiner Tisch – und sei es nur eine Glas- oder Holzplatte auf Böcken – kann mal als Essplatz und mal als Schreibtisch dienen. Ohnehin empfehlen sich für kleine Wohnungen Mehrzweckmöbel wie ein Rollwagen für Bücher und Fernseher oder ein Sitzwürfel, den man zur Liegefläche auseinander klappen kann.

Die Abgrenzung zwischen Schlafplatz und Entspannungsbereich sollte klar sein. Das heißt, dass außer dem Bett Sitzgelegenheiten vorhanden sein müssen. Ein kleines Sofabett, eine Umbauliege, ein Futon oder sogar eine Hängematte sind praktisch, weil sie auch als »Notbett« für Freunde dienen können. Das Bett steht am besten in einer Nische oder wird abgeteilt. In einem Mädchenappartement könnte man einen Spanndraht knapp unter der Decke befestigen und einen duftigen Musselinvorhang aufhängen.

REIZTHEMA/KOSTEN

Mit der Schule fertig – und theoretisch unabhängig – zu sein und dennoch zu Hause zu wohnen, kann eine Gratwanderung werden. Hast du nur einen Studentenjob oder bekommst du ein Gehalt? In jedem Fall wäre es fair, sich entsprechend deinem Einkommen an den Lebenshaltungskosten zu beteiligen. Auch wenn deine Eltern keine Miete von dir verlangen, solltest du deinen Teil zu den Wohn- und Verpflegungskosten beitragen. Und wenn dein Einkommen sehr gering ist, kannst du die Familie auf andere Weise entlasten, vielleicht in dem du öfter mal für alle kochst oder im Garten mithilfst.

Zu einem Jungsappartement passen glatte Schiebepaneele aus Künstlerleinwand. Eine feste Unterteilung für einen großen Raum könnte man nach Maß von einem Fachbetrieb bauen lassen. Denkbar wären Falt- oder Ziehharmonikatüren, Schiebetüren oder sogar Faltwände. Auch nach Maß gefertigte Einbauschränke bieten sich als Raumteiler an. Es gibt sie mit verschiedenen Türen, beispielsweise Schiebetüren aus Milch- oder Spiegelglas.

Bodenbelag und Fensterdekoration müssen kein Vermögen kosten. Auch wenn Sie erwarten, dass die Kinder die Wohnung sorgsam behandeln, sollten Sie sie lieber wie eine Mietwohnung ausstatten: robust und preiswert, damit man im Fall des Falles mit wenig Kosten und Mühe Ersatz schaffen kann. Verlegen Sie Dielen, eine preiswerte Auslegeware

Unten links und rechts Ein offener Schlafbereich mit Waschplatz sieht in kleinen Appartements im Industriestil, etwa in einem Loft oder einer ausgebauten Garage, gut aus und ist oft preiswerter als ein separates Einbaubad. Preiswerte Waschbecken, eingelassen in eine schlichte Arbeitsplatte und kombiniert mit einem Rollcontainer, kosten erheblich weniger als Designer-Waschtische. Auch gebrauchte, aufgearbeitete Wannen und Waschbecken sind günstig zu haben.
Gegenüber Um aus einem Kinderzimmer einen »erwachsenen« Schlafplatz zu machen, sind nur kleine stilistische Veränderungen nötig. Durch ein eindrucksvolles Dekorationsstück oder ein frech gestrichenes altes Bett werden preiswerte Accessoires aufgewertet.

oder Linoleum. Der Bewohner kann immer noch einen Teppich oder Läufer darauf legen. Für die Fenster eignen sich Rollos oder Jalousien. Alternativ bringen Sie eine Stange aus Holz oder Metall für Schlaufenvorhänge an. Schaffen Sie einen Staubsauger an, damit Sauberkeit kein Streitpunkt werden muss.

Wenn Aufteilung und Grundausstattung feststehen, überlassen Sie den Kindern die Ausgestaltung. Wenn sie noch kein eigenes Geld verdienen, könnte dafür ein Budget festgesetzt werden. Lassen Sie die Kinder selbst streichen oder tapezieren, Möbel verrücken und Bilder aufhängen. Sie haben Spaß daran, ihre vier Wände auf diese Weise in Besitz zu nehmen. Und dann freuen Sie sich darauf, von den Kindern eingeladen zu werden!

WARUM NICHT MAL …

>> Lege dein Budget für Dekoration und Ausstattung des Appartements fest und halte dich daran. Wer Ebbe im Portemonnaie hat, muss umso kreativer sein. Schau dich auf Flohmärkten oder bei eBay nach Schnäppchen um!

>> Abonniere Newsletter, in denen Designer-Outlets Saison-Ausverkäufe ankündigen. Billiger kann man nicht an Designermöbel kommen.

>> Stöbere auf dem Dachboden der Großeltern. Was sie aussortiert haben, ist vielleicht heute wieder in. Abgenutzte Stücke kann man streichen oder neu beziehen.

Familienbereiche

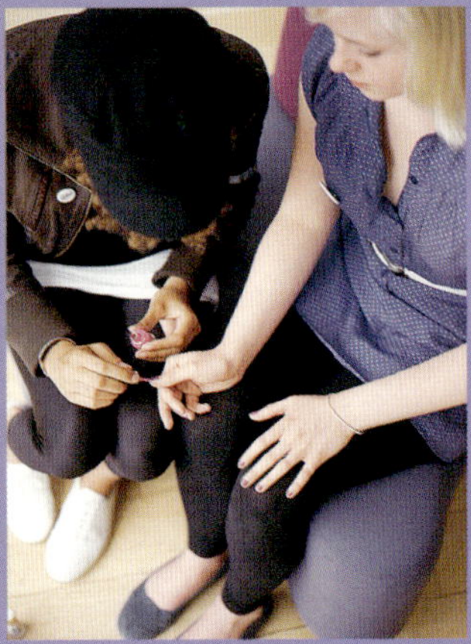

Wer seine halbwüchsigen Kinder gern um sich hat, sollte einen einladenden, vielseitigen Familienbereich schaffen, in dem sich alle treffen können. Natürlich brauchen die Kinder auch separate Bereiche, um mit Freunden zusammenzuhocken. Aber wenn Sie ein »offenes Haus« führen, in dem sich Kinder und Freunde willkommen fühlen, ist es wahrscheinlicher, dass sie öfter einmal auch im Familienbereich vorbeischauen. Außerdem möchte ja auch die ganze Familie mal gerne Zeit gemeinsam verbringen. Ob sich alle regelmäßig zum Sonntagsessen um den großen Küchentisch versammeln oder gelegentlich gemeinsam im gemütlichen Medienraum einen Film anschauen – es kommt darauf an, miteinander im Gespräch zu bleiben und gemeinsame Freizeit zu genießen.

Eine Mehrzweck-Küche, in der man kochen, essen und gemütlich sitzen kann, ist praktisch und entspricht dem Zeitgeist. Kinder finden den Weg in Richtung Kühlschrank ohnehin besonders leicht. Und wenn sie gern mit ihren Freunden in der Küche

»Ich mag die große Küche. Obwohl die Kinder älter werden, sind sie immer um mich herum, wenn sie am Computer hocken, fernsehen, etwas essen. Das ist wirklich gesellig und entspannend zugleich.«

DEB/MUTTER

»Das Zusammenleben ist manchmal schwierig zu koordinieren. Aber immerhin leben wir ZUSAMMEN, statt dass sich jeder in sein eigenes Zimmer verkriecht.« THOMAS/VATER

sitzen, nehmen Sie es als Kompliment. Es wäre der falsche Zeitpunkt, eine noble, teure Küche anzuschaffen, in der sich Jugendliche fehl am Platz fühlen. Geschickter ist eine lockere, lässige Einrichtung mit attraktiver Ausstattung. Ein Kühlschrank samt Eiswürfelbereiter im amerikanischen Stil oder ein großer LCD-Fernseher garantiert, dass die Küche niemals verwaist. Sorgen Sie unbedingt für ausreichend Sitzgelegenheiten!

Wenn Ihr Haus zu klein für eine Wohnküche ist, wäre das Wohnzimmer die zweitbeste Option. Einrichtung und Funktion des Raums unterscheiden ihn vom Medienzimmer, in dem der Fernseher das Zentrum bildet. Gewiss kann auch im Wohnzimmer ein Fernseher stehen, aber hauptsächlich sollte dies ein Bereich sein, in dem man miteinander redet, Musik hört oder liest. Wer Platz für ein Wohnzimmer und zusätzlich eine Wohnküche hat, kann sich glücklich schätzen, denn in der multifunktionalen Küche kann es laut zugehen. Dann dient das Wohnzimmer als Zuflucht für alle, die Ruhe suchen.

Links Ein Küchentisch dient zum Essen, aber auch für Hausaufgaben und einen Abend mit Gästen. Ideal ist ein quadratischer Tisch mit zwei Sitzplätzen an jeder Seite. Für Flexibilität sorgt ein zusätzlicher Frühstückstresen. Eine Tischleuchte gibt gutes Licht zum Arbeiten. **Unten links** So witzig können praktische Küchenschränke sein.

Gegenüber Der Küchentisch sollte so groß sein, dass die ganze Familie – und ein paar Freunde – daran essen können. Wenn der Platz ausreicht, könnte man auch einen kleinen Schreibtisch aufstellen und die Regel festsetzen, dass jeder, der mit den Hausaufgaben fertig ist, ihn sofort für den Nächsten frei macht.

Gemeinsame Mahlzeiten sind ein wichtiger Teil des Familienlebens. Ist die Küche gemütlich, steuern Kinder jeden Alters sie fast instinktiv an. Fröhliche Farben, klare Linien und eine lockere, praktische Einrichtung mit viel Bewegungsfreiheit machen eine einladende Küche aus.

Eine gesellige Küche bietet viel Platz zum Kochen – sehr wichtig, denn dadurch wird der Nachwuchs angeregt, Hand anzulegen. Eine moderne Lösung ist die Inselküche vor einer Wand mit Einbauschränken. Häufig wird an die Insel auch ein Frühstückstresen angeschlossen. Alternativ könnte man aber auch eine Küchenzeile an einer Wand mit einem Esstisch kombinieren. Der Vorteil einer so funktionellen Einrichtung besteht darin, dass man Platz für eine Sitzecke gewinnt. Auch Kücheninseln haben etwas Geselliges. Achten Sie darauf, dass die Arbeitsfläche 25 Zentimeter über die Unterschränke vorsteht, sodass man Hocker darunter schieben kann. Denkbar ist auch, die Arbeitsplatte auf geringerer Höhe fortzuführen, um einen größeren Essplatz mit Stühlen zu gewinnen.

Selbst wenn ein Frühstückstresen vorhanden ist, sollte man zusätzlich einen Esstisch aufstellen. Teenager kauern

Links und gegenüber Wenn die Küche warm und behaglich ist, wird sich jeder dort gerne aufhalten. Hier wurden verschiedene Barhocker (gegenüber unten) und Stühle kombiniert, und vor dem Fernseher stehen bequeme Sessel (gegenüber oben links). Metall, Holz, Kunststoff oder Leder empfehlen sich als Bezugsmaterialien, weil sie feucht abgewischt werden können. Für Sessel sind lose, waschmaschinentaugliche Hussen die beste Wahl. Und eine gute Abzugshaube macht auch dem Duft der nächtlichen Pizza schnell den Garaus.

Gegenüber oben rechts Teenager haben heute viel um die Ohren. Sie freuen sich über einen Platz für Zettel, Stundenpläne, Ordner und Telefon in der Küche.

sich für einen Snack gern auf einen Hocker, aber Erwachsene genießen eine schöne Mahlzeit lieber auf bequemen Stühlen. Es kann Spaß machen, spontan ein improvisiertes Essen für die Kinder und deren Freunde auf die Beine zu stellen. Auch dafür braucht man einen großen Tisch. An einem runden Tisch lässt sich leicht ein Extrastuhl unterbringen. Auch ausziehbare Rechtecktische – erhältlich für bis zu zwölf Personen – sind praktisch. Das Untergestell könnte aus farbig pulverbeschichtetem Metall bestehen. Darauf passt eine Platte aus gehärtetem Glas oder Edelstahl. Auch ein derber, großer Holztisch mit passenden Bänken ist eine gute Wahl.

Teenager lümmeln gern herum, statt brav auf einem steifen Stuhl zu sitzen. Nehmen Sie die Kinder zum Einkauf

REIZTHEMA/KÜCHENDIENST

Für dich ist die Küche vielleicht ein Platz, wo es leckeres Essen und Getränke gibt, wo du Hausaufgaben machst und mit Freunden sitzt. Für deine Eltern ist es ein Arbeitsplatz. Sie sorgen dafür, dass Ordnung herrscht und dass der Kühlschrank immer voll ist. Gewöhne dir an, mit anzufassen. Spülmaschine ausräumen, den Tisch abwischen oder den Müll rausbringen: Das dauert nur Minuten, bringt aber jede Menge Pluspunkte – vor allem, wenn du es unaufgefordert tust. Die Küche ist ein Familienbereich. Überlege also, ob es fair ist, mittags im Bademantel aufzutauchen oder bis Mitternacht mit Freunden dort zu hocken. Handle mit deinen Eltern Regeln aus und halte sie dann aber auch ein.

der Stühle mit. Vor allem lange, schlaksige Jungs sollten Sitzmöbel unbedingt ausprobieren. Barhocker stehen hoch im Kurs. Eine Reihe einheitlicher Hocker wirkt edel und chic, aber Hocker gleicher Form mit Bezügen in verschiedenen Farben sehen witziger aus. Hocker im Stil eines American Diner oder Rollhocker kommen auch gut an. Verstauen Sie ein paar Klapphocker für Überraschungsgäste in einem Wandschrank. Wenn zusätzlich ein Esstisch vorhanden ist, suchen Sie gemeinsam Stühle aus, die Ihnen und den Kindern zusagen. Bunte Acrylsstühle oder Kopien der Sperrholz-Designklassiker aus dem 20. Jahrhundert sind nur zwei von vielen Möglichkeiten.

Ist die Küche groß genug für eine separate Sitzecke, sollte deren Aufteilung sich danach richten, was dort getan wird. Wenn Sie einen Fernseher in der Küche mögen: Kann man ihn aus der Sitzecke und vom Kochbereich aus sehen? Oder wäre ein Flachbildschirm mit schwenkbarer Wandhalterung eine sinnvolle Anschaffung? Wenn ein kleines Sofa in der Küche steht, denken Sie auch an ein Tischchen und einen Hocker für die Füße. Je mehr verschiedene Sitzgelegenheiten Sie einrichten, desto flexibler wird die Küche. Die Sitzmöbel sollten bequem und zwanglos sein. Geeignet sind bezogene Sitzwürfel, alte Leder-Clubsessel oder auch ein Diwan. Statten Sie möglichst viele Möbel mit Rollen aus, damit man sie leicht beiseite fahren kann, wenn einmal viele Gäste kommen.

In dekorativer Hinsicht muss man in der Küche einen Mittelweg zwischen Funktion und Behaglichkeit finden. Übertreiben Sie es nicht mit klinischen, allzu harten Oberflächen! Natürlich müssen Fußboden und Arbeitsflächen strapazierfähig sein. Für den Fußboden eignen sich Holz, Stein, Gummi oder Beton (mit einem Läufer im Sitzbereich).

Corian, Holz, Edelstahl, Stein oder Laminat sind gute Materialien für Arbeitsflächen. Dekorative Kleinigkeiten machen den Raum gemütlich. Für Lebendigkeit könnte ein Gummibodenbelag oder eine Wandfläche in einer frechen Farbe wie Orange oder Kobaltblau sorgen. Selbst ein Spritzschild kann Struktur beisteuern – stellen Sie sich einmal Minifliesen in Lindgrün oder Mosaik in Bronze vor! Die Wand gegenüber der Küchenzeile bietet sich für einen Hingucker an – das könnte eine Tapete mit großem Muster oder auch ein Bild sein.

In einem separaten Wohnzimmer lässt sich leichter eine entspannte, ruhige Stimmung schaffen. Ein Kamin leistet

Gegenüber Ist das Haus groß genug für ein separates Wohnzimmer, genügt eine multifunktionale Küche mit einem Sitzbereich, der vor allem Jugendliche anspricht. Ein Flachbildschirm an der Wand macht der ganzen Familie Spaß und lädt die Kinder ein, es sich in der Küche bequem zu machen. An einem Inselelement mit Frühstückstresen kann man auch schnell Hocker aufstellen, falls Freunde vorbeikommen.

Unten Eine Küche eignet sich bestens als Partyraum, wenn die Schränke an einer Seite stehen und alle anderen Elemente Rollen haben, sodass man sie aus dem Weg rücken kann.

einen guten Beitrag dazu. Viele neue Modelle passen in moderne Räume so gut wie in traditionell eingerichtete. Eindrucksvoll sind Kamineinrahmungen, die aussehen wie ein »Schlitz in der Wand«, aber auch traditionelle Kaminumbauten in frischen Farben oder schlichte Feuerschalen. Skandinavische Holzöfen passen in fast jedes Ambiente. Die Sitzmöbel sollten niedrig sein und sich flexibel gruppieren lassen. Sitzmöbel, darunter auch Eckelemente und Hocker, passen in moderne Wohnzimmer. Man könnte auch zwei kleinere Sofas mit einem Sessel kombinieren. Weiche, kuschelige Bezugsstoffe wie Samt, Wolle, Chenille oder Wildlederimitat fühlen sich großartig an – erst recht mit reichlich Kissen und einer oder zwei weichen Wolldecken.

Licht schafft Stimmung – das gilt für Küche und Wohnzimmer. Über dem eigentlichen Küchenbereich brauchen Sie gutes Arbeitslicht, beispielsweise Halogen-Deckenstrah-

Oben Der Vorteil einer zwanglosen Küche besteht darin, dass die Kinder sie nicht als reines »Elternterritorium« empfinden. Ist die Arbeitsfläche lang genug, kann an einem Ende das Essen vorbereitet werden, während am anderen Kinder über den Hausaufgaben brüten. In einer sehr großen Küche kann ein Inselelement auch als Raumteiler dienen. Es mag auf einer Seite zum Beispiel Küchengeräte und Schränke beherbergen, auf der anderen Seite ein Regal für Kochbücher.

Rechts Achten Sie auf einen Stil, der Jugendlichen und Erwachsenen gleichermaßen gefällt. Moderne Designklassiker sprechen beide Generationen an.
Gegenüber Die Wohnzimmermöbel sollten auch für Jugendliche einladend sein. Niedrige Sitzelemente, vielleicht kombiniert mit Bodenkissen und einer Liege, kommen gut an. Und auf einem weichen Teppich kann man wunderbar liegen und lümmeln. Teens lieben Schaffelle und Flokati.

ler oder Hängeleuchten. Am Esstisch oder Tresen darf das Licht schwächer, dafür aber dekorativer sein. Gehen Sie auf die Suche nach einer modischen Leuchte, die Ihnen und dem Nachwuchs gefällt. Mögen Sie einen glitzernden Kronleuchter, eine organisch geformte Keramikleuchte, weiße Papierkugeln oder lieber bunte Glasleuchten? Bauen Sie unbedingt einen Dimmer ein, damit für eine Familienmahlzeit oder ein spätabendliches Jungvolk-Meeting immer die richtige Helligkeit eingestellt werden kann. Die Sitzecke in der Küche wird durch sanfteres Licht vom restlichen Raum abgegrenzt, auch im separaten Wohnzimmer darf es schummrig sein. Kombinieren Sie verschiedene Leuchten, etwa verstellbare Stehleuchten zum Lesen, sanfte Lichtinseln und vielleicht einen stimmungsvollen Farbwechsler.

Allzu perfekt sollte der Familienbereich nicht aussehen. Es ist unmöglich, ein häufig benutztes Zimmer immer in Bestform zu halten, und wenn ein Raum belebt wirkt, fühlt man sich darin einfach entspannter. In einer Küche vermitteln offene Regale mit Gläsern und Geschirr oder eine Pinnwand mit aktuellen Familiennotizen Wohnlichkeit, im Wohnzimmer bewirkt ein Stapel Zeitschriften auf dem Tisch und eine Wolldecke auf dem Sofa das Gleiche. Ein Familienbereich sollte so beschaffen sein, dass sich alle gern darin aufhalten.

Oben In einer offenen Küche mit Sitzecke sollten die Möbel leicht beweglich sein, damit die Jugendlichen auch einmal vom Haupt-Sitzbereich abrücken können. In modernen Möbelhäusern findet man viele pfiffige, bunte Sessel und Hocker. Es müssen ja nicht immer Bodenkissen und Sitzsäcke sein.

Rechts Ein Kamin wärmt, ist gemütlich und magnetisch anziehend. Dieser dient obendrein als Raumteiler.

WARUM NICHT MAL …

>> Bekoche doch einmal die ganze Familie (einschließlich Abwasch). Curries und Wok-Gerichte sind einfach und machen viel her.

>> Deck den Tisch auf deine Art. Streue Flitter auf die Tischplatte, schreibe Namen auf Strandkiesel oder lege um jeden Teller einen frisch gebundenen Gänseblümchenkranz.

»So ein großer Raum ist super! Es können 15 Kids hier sein, und man bemerkt sie kaum – wie in einer Wohnung mit separaten Zimmern. Außerdem kann man hier toll feiern.« HELEN/MUTTER

Oben Heranwachsende Kinder bieten einen guten Vorwand für modische Experimente. Weil eine farbige Umgebung fröhlich wirkt, treiben Sie es ruhig einmal bunt – vielleicht mit den Polstermöbeln? Es kann aufregend aussehen, wenn jeder Sessel in einer anderen knalligen Farbe bezogen ist.

Rechts Stellen Sie niedrige Sessel, Sofas und Tischchen zu geselligen Gruppen zusammen. Stimmungsvolle Extras wie Räucherstäbchen oder Teelichter machen jedem das Entspannen leicht.

Gegenüber In einem größeren Raum kann man einen kleinen Bereich oder eine Nische mit Vorhängen abteilen, sodass sich zwei Gesprächsgruppen bilden können.

WARUM NICHT MAL ...

>> Setzt euch einen Abend lang mit der ganzen Familie zusammen, um Musik auszusuchen, die allen gefällt. Sehr entspannend sind Wellengeräusche, Yoga- und Meditations- oder Chill-out-Musik. Aber auch Welt- und Ethnomusik sind geeignet.

>> Experimentiere mit Düften, die Stimmung schaffen. Kerzen gibt es in vielen Duftrichtungen, von Vanille bis zu grünem Tee. Auch Räucherstäbchen und Duftöle solltest du einmal ausprobieren.

>> Kerzenlicht wirkt herrlich entspannend. Teelichter und passende, hübsche Halter kosten nicht viel Geld.

Adressen der Fachhändler

WANDGESTALTUNG

ByBest – Raik Dannemann
Zuschka 38
03044 Cottbus
Tel.: 03 55 / 4 86 71 24
Fax: 03 55 / 4 86 71 25
www.bybest.de
Ungewöhnliche Fototapeten, Bordüren, Dekostoffe, Teppiche

Designers Guild
Dreimühlenstraße 38a
80469 München
Tel.: 0 89 / 23 11 620
www.designers-guild.com
Tapeten, Dekostoffe, Accessoires

Erfurt & Sohn
Hugo-Erfurth-Straße 1
42399 Wuppertal
Tel.: 02 02 / 6 11 00
Fax: 02 02 / 6 11 08 94 51
www.erfurt.com
Tapeten

JAB Anstoetz
Potsdamer Straße 160
33719 Bielefeld
Tel.: 05 21 / 2 09 30
www.jab.de
Tapeten, Wohnstoffe

Laura Ashley
Händlersuche über
www.laura-ashley.com
Tapeten, Stoffe, Wohnaccessoires

Marburger Tapetenfabrik
Postfach 1320
35269 Kirchhain
Tel.: 0 64 22 / 8 11 18
www.marburg.com
Tapeten

Roomzone
Christina Samweber
Großhesseloher Straße 19
81479 München
Tel.: 0 89 / 72 48 35 14
Fax: 0 89 / 74 99 97 13
E-Mail: info@roomzone.de
www.roomzone.de
Fototapeten, Trompe-l'Œil-Tapeten

Schablonen-Shop
Schulstraße 27
23881 Breitenfelde
Tel.: 0 45 42 / 82 97 97
Fax: 0 45 42 / 82 97 33
E-Mail: info@schablonen-shop.de
www.schablonen-shop.de
Schablonen

Tapeten Der 70er
Sven Rohleder
Rind'sche Stiftstraße38
61348 Bad Homburg
Tel.: 0 61 72 / 68 14 22
Fax: 0 61 72 / 68 14 21
www.tapetender70er.de
Tapeten mit bunten, grafischen Mustern

The Stencil Library
www.stencil-library.co.uk
Versandhandel für Schablonen, unkonventionelle Motive wie Tarnmuster, Stacheldraht, Fingerabdrücke. Auch Pinsel, Farben und Materialien zum Vergolden.

Wand-Gewand
Thomas Staiger
Showroom
Auenstraße 54
80469 München
Tel.: 0 89 / 64 28 11 96
Fax: 0 89 / 6 42 19 43
E-Mail: info@wand-gewand.de
www.wand-gewand.de
Fototapeten nach Kundenvorlage

STOFFE / ROLLOS

Cheap Fabrics
www.cheapfabrics.co.uk
Online-Shop für preiswerte Konfektions-, Deko- und Bastelstoffe, Zubehör

Chivasso BV. Deutschland
Potsdamer Straße 160
33504 Bielefeld
Tel.: 05 21 / 23 83 90
Fax: 05 21 / 2 38 39 15
www.chivasso.com

Donghia
Grüner Sand 51
32107 Bad Salzuflen
Tel.: 0 52 22 / 9 12 90
Fax: 0 52 22 / 91 29 46
E-Mail: info@donghia.de
www.donghia.de

K. A. International
Bezugsquellen über Offtake GmbH
Meisengasse 30
60313 Frankfurt
Tel.: 0 69 / 1 38 13 10
Fax: 0 69 / 13 81 31 10
E-Mail: info@ka-international.de
www.ka-international.de

Marimekko
Öder Weg 29
60318 Frankfurt am Main
Händlersuchfunktion über
www.marimecco.com
Skandinavische Stoffe mit großen, farbenfrohen Mustern. Auch Bettwäsche, Handtücher und Kissenbezüge

BODENBELÄGE / OBERFLÄCHEN

ABET GmbH
Füllenbruchstraße 189
32051 Herford
Tel.: 0 52 21 / 3 47 70
Fax: 0 52 21 / 3 31 96
www.abet.de
Hochdrucklaminate

Corian
DuPont de Nemours GmbH
DuPont-Straße 1
61352 Bad Homburg
Tel.: 01 30 / 81 00 18 oder
08 00 / 1 81 00 18
www2.dupont.com/Corian/de_DE/index.html
Arbeitsplatten, Waschbecken, Spülen, Objekte aus Kompositmaterialien

DLW Aktiengesellschaft
74319 Bietigheim-Bissingen
Tel.: 0 71 42 / 7 16 76
Fax: 0 71 42 / 7 18 40
Linoleum

Formica Vertriebs-GmbH
Belgische Allee 9
53842 Troisdorf (Spich)
Tel.: 0 22 41 / 9 52 00
Fax: 0 22 41 / 95 20 30
www.formica-europe.com

Junckers Parkett GmbH
Halskestraße 23
40880 Ratingen
Tel.: 0 21 02 / 99 75 70
Fax: 0 21 02 / 9 97 57 99
E-Mail: info@junckers.de
www.junckers.de
Holzböden

Jaeger & Stipak
Ulmer Straße 30/1
73728 Esslingen
Tel.: 07 11 / 3 16 44 68
Fax: 07 11 / 3 16 44 69
Bodenbeläge

MÖBEL

Bretz Brothers
Alexander-Bretz-Straße 2
55457 Gensingen
Tel.: 0 67 27 / 89 50
www.cultsofa.com
Polstermöbel

Das Bett
Antik & Design
Diekerstraße 27
42781 Haan
Tel.: 0 21 03 / 24 18 33
www.das-bett-haan.de
Betten

Form exclusiv
Poppenbeck 72
48329 Havixbeck
Tel.: 0 25 07 / 9 85 70
www.form-exclusiv.de
Moderne Möbel

Franta
Maastrichter Straße 18
50672 Köln
Tel.: 02 21 / 52 88 55
www.franta.de
Möbelklassiker aus dem 20. Jahrhundert, skandinavisches Design

Gunther Lambert
Konstantinstraße 303
41238 Mönchengladbach
Tel.: 01 80 / 5 00 95 95
www.lambert-home.de

Habitat
Händlersuche über www.habitat.net
Moderne Möbel und Wohnaccessoires

Ikea Deutschland
Service-Tel.: 01 80 / 5 35 34 35
www.ikea.de
Versandhandel, Niederlassungen weltweit, Möbel und Accessoires

Koinor Polstermöbel
96247 Michelau
Tel.: 0 95 71 / 89 20
Fax: 0 95 71 / 8 33 10
www.koinor.de
Polstermöbel

Stokke GmbH
Ziegelstraße 20–24
71063 Sindelfingen
Tel.: 0 70 31 / 61 15 80
Fax: 0 70 31 / 6 11 58 60
www.stokke.com
Moderne ergonomische Möbel

The Iron Bed Company
Hochstraße 15
60313 Frankfurt
Tel.: 0 18 05 / 21 45 47
www.BedCompany.de
Moderne und traditionelle Betten aus Metall

WK Wohnen GmbH & Co.
Möbel Marketing KG
Im Gefierth 9a
63303 Dreieich
Tel.: 0 61 03 / 39 16 50
Fax: 0 61 03 / 39 16 40
E-Mail: info@wkwohnen.de
www.wkwohnen.de

HÄNGEMATTEN

Hotzenplotz GbR
Ottostraße 25
95028 Hof
Tel.: 0 92 81 / 14 11 68
Fax: 0 92 81 / 8 33 90 33
www.1001-Haengematten.de

Der Hängemattenladen
Bei der Reitbahn 2
22763 Hamburg
Tel.: 0 40 / 39 22 23
Fax: 0 40 / 3 90 69 88
www.haengematte.de

LEUCHTEN

Artemide
Hans-Böckler-Straße 2
58730 Fröndenberg
Tel.: 0 23 73 / 97 50
Fax: 0 23 73 / 97 52 24
E-Mail: pr@artemide.de
Arbeitsleuchten und atmosphärisches Raumlicht

Luceplan
Via E.T. Moneta, 46
20161 Milano
Italien
Tel.: +39 / (0)2 66 24 21
Händler-Suchfunktion auf der Website
www.luceplan.it
Moderne Leuchten, italienisches Design

Nico Heilmann Lichtobjekte
Clausiusstraße 74
8006 Zürich
Schweiz
Tel.: +41 / (0)12 61 88 30
www.lightobjects.ch

AmbienteDirect GmbH
Machtlfinger Straße 11
81379 München
Tel.: 0 89 / 72 71 99 57
www.ambientedirect.com
Designerleuchten

light11.de GmbH
Sybelstraße 25
40239 Düsseldorf
Tel.: 0 18 05 / 35 38 36
www.light11.de
Moderne Leuchten

Altaluce Licht + Design
Oliver Falkenberg
Trautenaustraße 10
10717 Berlin
Tel.: 0 30 / 84 31 50 00
www.altaluce.de
Moderne Leuchten

SPEZIALLÖSUNGEN FÜR KLEINE RÄUME

DaMi Wohn- und Schlafsysteme
Edgar Schlichter
Am Südfeld 35
32120 Hiddenhausen
Tel.: 0 52 21 / 27 88 48
Fax: 0 52 21 / 27 88 49
www.dami-wohnsysteme.de
Raumsparmöbel

Edy Meyer Möbel
Inh. Egon Stutz
Allmendstrasse 15
8102 Oberengstringen
Schweiz
Tel.: +41 / (0)7 50 25 61
Fax: +41 / (0)7 50 02 05
www.edy-meyer.ch
Raumsparmöbel

Hantermann GmbH & Co. KG
Weseler Straße 17–19
46487 Wesel-Büderich / B58
Tel.: 0 28 03 / 80 49 90
Fax: 0 28 03 / 80 49 95
www.raumsparbett.de

JALOUSIEN, ROLLOS, RAUMTEILER

Jaloucity
www.jaloucity.de
Jalousien, Rollos, Flächenvorhänge
Filialen in 30 Städten, Online-Shop

Der Jalousienladen
Torsten Schnick
Schönhauser Allee 70A
10437 Berlin
Tel.: 0 30 / 44 67 87 87
Fax: 0 30 / 44 67 87 88
www.jalousienladen.de

BADEZIMMER

Alessi
Via Privata Alessi, 6
28882 Crusinallo-Omega
Italien
Tel.: +39 / 032 38 68 11
www.alessi.it

Aloys F. Dornbracht GmbH & Co. KG
Köbbingser Mühle 6
58640 Iserlohn
Tel.: 0 23 71 / 43 30
Fax: 0 23 71 / 46 62 32
www.dornbracht.com

Boffi
Via Oberdan, 70
20030 Lentate sul Seveso,
Milano
Italien
Tel.: +39 / 03 62 53 41
www.boffi.com

Grohe Deutschland Vertriebs GmbH
Zur Porta 9
32457 Porta Westfalica
Tel.: 05 71 / 3 98 93 33
Fax: 05 71 / 3 98 99 99
E-Mail: helpline@grohe.de
www.grohe.de

HighTech Design Products AG
Landsberger Straße 146
80339 München
Tel.: 0 89 / 5 40 94 50
Fax: 0 89 / 50 60 09
www.hightech.ag

Hüppe GmbH & Co.
Industriestraße 3
26158 Bad Zwischenahn
Tel.: 0 44 03 / 6 70
Fax: 0 44 03 / 6 71 00
E-Mail: hueppe@hueppe.de
www.hueppe.com

Ideal Standard GmbH
Euskirchener Straße 80
53121 Bonn
Tel.: 02 28 / 52 10
Fax: 02 28 / 52 12 41
E-Mail: idealstandard.de@aseur.com
www.idealstandard.de

L'Occitane Deutschland
Carl-Zeiss-Straße 3
63755 Alzenau
Tel.: 01 80 / 5 33 20 33
www.loccitane.net
Bad-Accessoires

Bagno Logistics
Jürgen Hartmann
Wartweg 9
35423 Lich
Tel.: 0 64 04 / 66 38 20
Fax: 0 64 04 / 66 38 21
E-Mail: info@minibagno.de
www.minibagno.de
Speziallösungen für kleine Bäder

Steuler Fliesen GmbH & Co. KG
Industriestraße 78
75417 Mühlacker
Tel.: 0 70 41 / 80 11 10
Fax: 0 70 41 / 80 12 10
www.steuler-fliesen.de
Fliesen (auch beleuchtet)

Teuco Deutschland GmbH
Bunsenstraße 5
82152 Planegg-Martinsried
Tel.: 0 89 / 89 54 13 30
E-Mail: info@teuco.de
www.teuco.de
Badsysteme

SPIELE

Automaten-Hoffmann
Im Teelbruch 86–90
45219 Essen-Kettwig
Tel.: 0 20 54 / 1 67 38
Fax: 0 20 54 / 8 30 94
www.automaten-hoffmann.de
Billard, Kicker, Dart und andere Spiele

Aadamo-Sports
Bookenbusch 20
48683 Ahaus
Tel.: 0 25 67 / 9 39 91 80
Fax: 0 25 67 / 9 39 91 81
Billardtische

ABC Billard
Postfach 80 05 46
21005 Hamburg
Tel.: 0 40 / 7 15 54 37
Fax: 0 40 / 7 15 68 44
www.abc-billard.de
Billard, Kicker, Dart, Tischtennis
Nur Online-Shop, kein Ladenverkauf

STAURAUM

Car Selbstbaumöbel
Ellerbrookskamp 4
22397 Hamburg
Tel.: 0 40 / 6 05 00 71
Fax: 0 40 / 6 05 49 36
www.car-Moebel.de
Moderne und traditionelle Möbel (zum Teil unbehandelt), Accessoires

Octopus Handels-GmbH
Lehmweg 10B
20251 Hamburg
Tel.: 0 40 / 4 20 11 00
Fax: 0 40 / 4 20 12 00
www.octopos-versand.de
Möbel und Accessoires

Cabinet Schranksysteme AG
Postfach 7125
50150 Kerpen
Tel.: 0 22 75 / 92 03 60
Fax: 0 22 75 / 92 03 65
www.cabinet.de
Stauraumlösungen

Kornmüller
3351 Weistrach
Österreich
Tel.: +43 / (0)7 47 74 23 47
Fax: +43 / (0)7 47 74 23 47 22
www.kornmüller.at
Rolladen-Schränke, Arbeitsinseln (auch runde)

Bildnachweis

Alle Fotos von Winfried Heinze.
Legende: o. = oben, u. = unten, r. = rechts, l. = links, M. = Mitte

1 Haus der Familie O'Connor Brandeen in London; 2–3 Haus von Ben Johns und Deb Waterman Johns; 4 l. Freddie Hairs Zimmer in London; 4 u.M. Haus von Isabel & Ricardo Ernst; 4 r. Haus von Ben Johns und Deb Waterman Johns; 5 o.l. Haus Glasserman/Gilsanz ; 5 o.r. Haus von Isabel & Ricardo Ernst; 5 M.l. & u.r. Haus der Familie Eclair-Powell in London; 5 M. Haus des Designers Etienne Mery in Paris; 5 r. Stellas Zimmer in New York City; 6 l. & 7 l. Haus der Familie Marsden in Dulwich bei London; 7 r. Haus von Ben Johns und Deb Waterman Johns; 8 Haus von Madame Sera Hersham-Loftus; 9 Haus der Familie Fried in London; 10 l. Stellas Zimmer in New York City; 10 r. Haus Glasserman/ Gilsanz ; 11 Haus des Designers Etienne Mery in Paris; 12–13 Pollys und Bellas Zimmer in Süd-London; 14–15 Architekt und Raumdesigner: Nico Rensch, Architeam; 16–17 Haus von Madame Sera Hersham-Loftus; 18–19 Pollys und Bellas Zimmer in Süd-London; 20–23 Haus von Wayne & Gerardine Hemingway von HemingwayDesign in Sussex; 24–25 Haus des Designers Etienne Mery in Paris; 26–27 Haus der Familie Fried in London; 28–29 Rose Uniackes Haus in London; 30 –31 Haus des Designers Etienne Mery in Paris; 32 Haus von Isabel & Ricardo Ernst; 33 Rose Uniackes Haus in London; 34 l. Haus der Familie Marsden in Dulwich bei London; 34 r. Rose Uniackes Haus in London; 35 Jon Pellicoro Künstler und Designer; 36–37 Haus der Familie Fried in London; 38–39 Haus von Madame Sera Hersham-Loftus; 40–41 Freddie Hairs Zimmer in London; 42–43 Rose Uniackes Haus in London; 44–45 Haus der Innenarchitektin Lisa Jackson in New York; 46–47 Jon Pellicoro Künstler und Designer; 48–49 Haus von Isabel & Ricar. do Ernst; 50–51 Freddie Hairs Zimmer in London; 52–53 Architekt und Raumdesigner: Nico Rensch, Architeam; 54 Innenarchitektur; matali crasset; 55 Haus der Familie Marsden in Dulwich bei London; 56 l. Haus von Ben Johns und Deb Waterman Johns; 56 r. Innenarchitektur; matali crasset; 57 Haus der Familie Marsden in Dulwich bei London; 58–59 Haus der Familie O'Connor Brandeen in London; 60 o.l. & o.r. Haus der Familie Eclair-Powell in London; 60 u. Haus der Familie Marsden in Dulwich bei London; 61 Haus der Familie Eclair-Powell in London; 62–63 Innenarchitektur; matali crasset; 64 Haus der Familie Marsden in Dulwich bei London; 65 l. Jon Pellicoro Künstler und Designer; 65 r. Haus von Ben Johns und Deb Waterman Johns; 66–67 Haus des Designers Etienne Mery in Paris; 68–69 Haus von Val, Wim, Kamilla, Juliette und Joseph in Gent; entworfen und gebaut von Wim Depuydt, Architekt; 70 l. Thomas Siffer und Els Lybeer, Gent, Architekt Wim Depuydt; 70 r. Glasserman/Gilsanz Residence; 71 Haus der Familie O'Connor Brandeen in London; 72–73 Innenarchitektur; matali crasset; 74–77 Haus von Val, Wim, Kamilla, Juliette und Joseph in Gent; entworfen und gebaut von Wim Depuydt, Architekt; 78–79 Haus von Dr. Alex Sherman und Ms Ivy Baer Sherman in New York City; Mullman Seidman Architects; 80–81 Jon Pellicoro Künstler und Designer; 82–83 Haus Glasserman/Gilsanz ; 84–87 Haus der Familie O'Connor Brandeen in London; 88 Innenarchitektur; matali crasset; 89 Haus von Wayne & Gerardine Hemingway von HemingwayDesign in Sussex; 90 l. Haus der Familie Marsden in Dulwich bei London; 90 r. Haus der Familie Fried in London: 91 Haus von Val, Wim, Kamilla, Juliette und Joseph in Gent; entworfen und gebaut von Wim Depuydt, Architekt; 92–93 Haus von Wayne & Gerardine Hemingway von HemingwayDesign in Sussex; 92 u. Haus von Isabel & Ricardo Ernst; 94 o. Haus Glasserman/Gilsanz; 94 u. Haus von Val, Wim, Kamilla, Juliette und Joseph in Gent; entworfen und gebaut von Wim Depuydt, Architekt; 95 Pollys und Bellas Zimmer in Süd-London; 96–97 Haus der Familie Marsden in Dulwich bei London; 98–99 Haus der Familie O'Connor Brandeen in London; 100–101 Haus von Wayne & Gerardine Hemingway von HemingwayDesign in Sussex; 102–103 Haus von Ben Johns und Deb Waterman Johns; 104 Innenarchitektur; matali crasset; 105 Haus von Wayne & Gerardine Hemingway von HemingwayDesign in Sussex; 106 Haus der Familie Eclair-Powell in London; 107 Haus von Ben Johns und Deb Waterman Johns; 108 l. Haus der Familie Fried in London; 108 r. Haus von Ben Johns und Deb Waterman Johns; 109–111 Innenarchitektur; matali crasset; 112 Rose Uniackes Haus in London; 113 Haus von Ben Johns und Deb Waterman Johns; 114–117 Haus der Familie Eclair-Powell in London; 118–119 Haus von Ben Johns und Deb Waterman Johns; 120–121 Haus von Isabel & Ricardo Ernst; 122 Stellas Zimmer in New York City; 123 Haus der Familie Eclair-Powell in London; 124 Stellas Zimmer in New York City; 125 Haus von Val, Wim, Kamilla, Juliette und Joseph in Gent; entworfen und gebaut von Wim Depuydt, Architekt; 126–129 Thomas Siffer and Els Lybeer, Gent; Architekt: Wim Depuydt; 130–131 Haus des Designers Etienne Mery in Paris; 132–133 Stellas Zimmer in New York City; 134–135 Haus der Innenarchitektin Lisa Jackson in New York; 136–137 Haus von Val, Wim, Kamilla, Juliette und Joseph in Gent; entworfen und gebaut von Wim Depuydt, Architekt; 138–141 Haus der Familie Marsden in Dulwich bei London; 142 o. Haus der Familie Eclair-Powell in London; 142 u. Innenarchitektur; matali crasset; 143 Haus von Val Wim, Kamilla, Juliette und Joseph in Gent; entworfen und gebaut von Wim Depuydt, Architekt; 144–145 Haus von Ben Johns und Deb Waterman Johns; 146–147 Haus der Familie O'Connor Brandeen in London; 148 l. Haus von Wayne & Gerardine Hemingway von HemingwayDesign in Sussex; 148 u. Haus der Familie Marsden in Dulwich bei London; 149 Thomas Siffer and Els Lybeer, Gent; Architekt: Wim Depuydt; 150–151 Haus der Familie Marsden in Dulwich bei London; 152–153 Haus des Designers Etienne Mery in Paris.

Architekten und Designer

Architekten und Designer, deren Arbeiten in diesem Buch vorgestellt werden:

Ben Johns CEO
Scout (Bags and floor coverings) Ltd
1055 Thomas Jefferson Street NW
Washington DC 20007
USA
Tel.: +1 / (0)20 29 44 95 90
Fax: +1 / (0)20 29 44 95 93
E-Mail: ben@bungalowco.com
und
Deb Waterman Johns
Get Dressed Wardrobe und Home & Fifi
1633 29th Street NW
Washington DC 20007
USA
Tel.: +1 / (0)20 26 25 64 25
Fax: +1 / (0)20 23 38 28 58
E-Mail: deb@dogbunny.com
Seite 2–3; 4 r., 7 r., 56 l.; 65 r.; 102–103; 107; 108 r.; 113; 118–119; 144–145

Andrew Hair
Tapis Vert
Tel: +44 / (0)20 86 78 14 08
E-Mail: tapis.vert@virgin.net
Seite 4 l.; 40–41, 50–51

Nico Rensch
ARCHITEAM
Campfield House
Powdermill Lane
Battle, East Sussex TN33 0SY
Großbritannien
Tel.: +44 / (0)14 24 77 52 11
E-Mail: nr@architeam.co.uk
www.architeam.co.uk
Seite 14–15; 52–53

Mullman Seidman Architects
443 Greenwich Street
New York, NY10013
USA
Tel.: +1 / (0)21 24 31 07 70
Fax: +1 / (0)21 24 31 84 28
E-Mail: pseidman@mullmanseidman.com
www.mullmanseidman.com
Seite 78–79

Jon Pellicoro Artist & Designer
E-Mail: jpellicoro@earthlink.net
Seite 35; 46–47; 65 l.; 80–81

James Slade
Cho Slade Architecture
150 Broadway, No. 807
New York, NY 10038
USA
Tel.: +1 / (0)21 26 77 63 80
Fax: +1 / (0)21 26 77 63 30
E-Mail: info@sladearch.com
www.sladearch.com
Seite 5 o.l.; 10 r.; 70 r.; 82–83; 94 o.

Alex Michaelis & Tim Boyd
Michaelis Boyd Associates
9B Ladbroke Grove
London W11 3BD
Großbritannien
Tel.: +44 / (0)20 72 21 12 37
Fax: +44 / (0)20 72 21 01 30
E-Mail: info@michaelisboyd.com
www.michaelisboyd.com
Seite 1; 58–59; 71; 84–87; 98–99, 146–147

HemingwayDesign
www.hemingwaydesign.co.uk
Tapete: »4 Walls« von HemingwayDesign für Graham & Brown; Fliesen: »Wet Tiles« von HemingwayDesign für British Ceramic Tiles
Seite 20–23; 89; 92–93; 100–101; 105; 148 l.

Lisa Jackson Ltd.
Tel.: +1 / (0)21 25 93 01 17
E-Mail: LCJPeace@aol.com
Betten: Polsterbetten von Lisa Jackson Ltd
Seite 44–45; 134–135

Wim Depuydt
E-Mail: Depuydt.architect@pandora.be
Tel.: + 32 / (0)4 95 77 72 17
Seite 68–70 l.; 76–77; 91; 94 u.; 125–129; 136–137; 143; 149

Rose Uniacke Interiors
8 Holbein Place
London SW1W 8NL
Großbritannien
Tel.: +44 / (0)20 77 30 70 50
www.roseuniacke.com
Seite 28–29; 33; 34 r.; 42–43; 112

Haus der Familie Marsden in Dulwich bei London
Gestaltet von Kim Quazi
Acq architects
4 John Prince's Street
London W1G 0JL
Großbritannien
Tel.: +44 / (0)20 74 91 42 72
E-Mail: info@acq-architects.com
Seite 6 l.; 34 l.; 55; 57; 60 u.; 64; 90 l.; 96–97; 138–141; 148 u.; 150–151

DesignerEtienne Mery
E-Mail: johngo@club-internet.fr
Seite 5 M.; 11; 24–25; 30–31; 66–67; 130–131; 152–153

Baroque Garden
Tel.: +44 / (0)20 75 01 85 34
www.baroquegarden.com
Seite 12–13; 18–19; 95

matali crasset productions
26 rue du Buisson Saint Louis
75010 Paris
Frankreich
Tel.: + 33 / (0)1 42 40 99 89
Fax: + 33 / (0)1 42 40 99 98
E-Mail: matali.crasset@wanadoo.fr
www.matalicrasset.com
Seite 54; 56 r.; 62–63; 72–73; 88; 104; 109–111; 142 u.

Sera of London
Tel.: +44 / (0)20 74 67 07 99
www.seraoflondon.com
Seite 8; 16–17; 38–39

Der Verlag dankt Hector und Olive; Luna; Bo, Tucker und Gibson; Bella und Polly; Felix; Laura und Jasmin; Max, Jimmy, Laura, Jessie und Rosalie; Ellie, Rea, Stefan und Matthew.

Register

Kursiv gedruckte Seitenzahlen verweisen auf Abbildungen.

Dank

Dieses Buch entstand, weil ich beweisen wollte, dass Eltern und heranwachsende Kinder gemeinsam Freude an tollem Design haben und harmonisch miteinander leben können. Ich danke besonders Alison Starling und David Peters sowie meiner Agentin Fiona Lindsay von Limelight Management, die mich in diesem Anliegen bestärkt haben.

Vielen Dank an Winfried für die lebendigen Fotos, die den »Geist« des Buches großartig einfangen. Dank auch an Annabel Morgan für das Lektorat, an Megan Smith für das fantastische Design und an Jess Walton für die Recherche der Locations.

Herzlichen Dank sage ich allen Familien, in deren Häusern wir uns umsehen durften, sowie den Teenagern und Eltern, die ihre Meinungen beisteuerten. Einen besonderen Beitrag leistete die 9. Klasse der Putney High School mit ihren fantastischen Ideen für Mädchenzimmer.

Auch meinen Eltern Harry und Ann sowie meiner Schwester Sally möchte ich danken, weil sie mich als Teenager im designerischen Ödland der 1970er Jahre ertrugen. Und zuletzt danke ich Anthony, Cicely und Felix, die darauf brennen, zu Hause neue Wohnideen auszuprobieren.